Collana ***Luci***

Trieste senza bora di Corrado Premuda
Collana: *Luci*
Genere: *Narrativa contemporanea*
ISBN: 9788887224771

PRIMA EDIZIONE Luglio 2021

Editing: Francesco Borrasso, Arianna Rossi
Cura redazionale: Francesco Borrasso
Illustrazione: Eugenia Ponzo

Watson edizioni, via Umberto Grosso, 14 - 00121 Roma
www.watsonedizioni.it
info@watsonedizioni.it

Corrado Premuda

TRIESTE SENZA BORA

Watson edizioni

Scritto a Trieste e a Pisino, in Croazia,
durante la residenza nella Casa degli Scrittori.

Indice

Il sesto rigo 9
I reduci 35
La madre segreta 77
Ringraziamenti 115

IL SESTO RIGO

Nonna diceva che si saluta con gli occhi, non con le parole.

Un amico d'infanzia ti saluta con la nostalgia di rivederti in quel bambino che non c'è più. A un amante basta un piccolo cenno per far tornare l'ultimo istante di intimità. Poi c'è il falso saluto dei nemici, ma chi ce li ha?

Scesa dal treno, il ragazzo mi sorride e dice ciao. Chiedimi qualcosa, la voce forse ti toglierebbe un dubbio. Seguimi. Io sono già all'inizio del binario, scivolo tra i passeggeri all'interno della stazione.

Cominciamo male: dov'è il vento? Mi aspettavo l'aria nei capelli, i mulinelli, polvere che sale agli occhi. Più per l'idea scenografica che per altro: occhiali scuri e criniera spettinata... bello! Invece niente, tutto fermo. E forse è meglio, se soffiasse la bora non riuscirei a reggermi in piedi.

Tossisco. È ancora presto ma il sole è già alto, lontanissimo, inarrivabile, sembra avvolto nell'ovatta. Non è una luce limpida, è opaca: peggio che in laguna.

«Un bicchiere d'acqua, per favore» chiedo all'uomo dalla barba brizzolata dietro al bancone.

«Ma lei è...» mi riconosce. Lo guardo e sorrido ma non dico niente.

È un bar alla buona, pieno di specchi, appena oltre il piazzale che una volta era un bazar sporco e chiassoso e ora, ripulito, è stucchevole, fuori tono. Con la coda dell'occhio noto la mia silhouette. Niente male. Buono il portamento, schiena eretta: saranno gli anni passati allo sgabello del pianoforte sotto stretta sorveglianza. Disciplina di testa e di corpo. O sono i capelli da ragazzina, il biondo tira sempre.

Il barista continua a fissarmi, non sa come reagire.

Da bambina sognavo di salire su un palco ma solo per ricevere gli applausi alla fine di un'esecuzione. Volevo dirigere l'orchestra. Al pubblico voglio rivolgere le spalle, far notare appena la mia presenza.

E invece eccomi qua a camminare con gli occhiali scuri. Alla fine ho preso la strada più comoda. Malgrado gli studi, la disciplina, i maestri impeccabili, resto una pigra. Ho lavorato tanto, questo sì, ma spesso l'ho fatto con la mano sinistra, avvicinando gli accordi secondo una logica delle sensazioni invece che secondo convenzioni.

Ecco, sono arrivata a terra. Fine delle possibilità, fine dell'apertura all'imprevisto, fine dell'eccitazione dell'infelicità, fine del senso del destino. Fine.

Quanto sarà che manco da questa città? Domanda impossibile.

Trieste come Venezia, con i suoi vecchi grandi e belli, tutti per strada a discutere, a meno che non ci sia la bora che ti porta via. Ma oggi, senza un filo di vento, sembra di arrivare a Venezia, quando appare il mare dal finestrino e ti riempi di aspettative, pagato il pegno di Mestre.

In treno sono stata felice. Forse perché lì c'è una sospensione del tempo. Ci sono altre regole in vigore sui binari. È proprio vero che è un attimo, che è una bugia la felicità. Giusto un momento dopo, non appena questa muta pace ti spinge a formulare un desiderio, un sogno, un'aspettativa, ecco che la felicità l'hai già persa. Così, di colpo! Il treno si ferma e scendi. Forse perché in fondo la bugia dev'essere implicita, e non devi chiedere altro.

E io invece, magari, stavolta per me ho in serbo un sogno. Peccato.

La piazza arriva inaspettata dopo i palazzi e gli incroci, è così insolita e autorevole, pretende attenzione, si fa sentire, tanto che esige uno sguardo completo, all'insù, verso le sue geometrie; e allora calcio per errore il piattino con le monete che un musicista ambulante ha raccolto a fatica davanti a sé. I soldini rotolano per la piazza, impossibile riprenderli tutti.

Va' in mona!, giusto nonna? L'avresti detto anche tu. Musica a pagamento, tanto per campare, ma a buon mercato, per i passanti che non sono esigenti. Non è questo che ci aspetteremmo dai gitani che hanno ascoltato melodie sconosciute all'uomo e che hanno errato senza meta fino a consumarsi la pelle, fino a riconoscere un luogo solo dai rumori.

L'unica cosa che t'invidio è la libertà di andartene oggi stesso. Scappa appena puoi, e non tornare da dove sei venuto, vai avanti, non fermarti. Nessuno rimpiange il tuo partire, non pensarci su.

Il mendicante mi sorride con la bocca sdentata non appena la mia mano gli porge una banconota riparatrice.

Con la musica non si scherza, lo so, nonna. Io ho un compito importante, mica roba da improvvisare per strada. Devo passare alla storia per aver inventato qualcosa che non esisteva e di cui c'era una grande necessità. *Il sesto rigo*, certo, una nuova convenzione che arricchisca e stravolga il pentagramma. Eri orgogliosa di me per quella linea che oscilla tra conosciuto e ignoto e che intercetta solo le note difficilissime che sono maschili e femminili insieme.

La chimera del musicista, un'ancora di salvezza e un cappio. Un rigo in più, senza fermarsi a scherzare.

«Ciao, quanto tempo!»

Meccanicamente le gambe mi portano fino al negozio di tessuti.

«Ti trovo in forma. Come mai da queste parti?» La simpatica triestina di cui non ricordo il nome mi parla, brusca ma rilassata, e nell'atelier intanto entrano due ragazze. Una delle due mi guarda e sobbalza. Arrossisce, mi guarda di nuovo. Sussurra qualcosa all'amica che si agita e anche lei inizia a squadrarmi. È lei oppure no?, si stanno chiedendo.

Mi avvicino al grande tavolo da lavoro su cui alloggiano stoffe, strumenti da lavoro, fogli. Dal piano superiore, oltre il ballatoio, arrivano inconfondibili e appaganti suoni di sartoria.

«Sei venuta a registrare nello studio di Loris?» domanda ancora la mia vecchia conoscenza.

«No, sono qui per vedere qualcuno» rispondo e le due ragazze si abbracciano ridacchiando perché hanno avuto conferma al loro sospetto.

«Prego, accomodati di sopra. Ti prepariamo un tè e ci raccontiamo le novità. Come sono contenta di rivederti da noi... Sei sempre bellissima!»

Affronto le scale. Al primo gradino un dolore che dalle gambe sale al ventre. Mi aggrappo al passamano per farmi forza. Mi sento ieratica ma la mia faccia deve avere qualcosa di eloquente che comunica sofferenza o stanchezza perché la collega più anziana della mia conoscente, venendomi incontro, si sente in dovere di accogliermi con un complimento. «Che grande pezzo che hai presentato l'anno scorso, quasi una romanza. Mi è piaciuto tanto.»

«Un bel brano, sì» convengo io mentre con un ultimo sforzo raggiungo il primo piano. «Totalmente inadatto a quel contesto popolare. Una romanza moderna... che idea, no? Una romanza in televisione è un problema visto da tutti i lati e mai concluso: qualcosa che andrebbe contemplato e non risolto.»

Non sarei dovuta tornare su quel palco con una canzone del genere. Bastava dire di no.

Dire di no restituisce identità? Mi dà identità il fatto di saper rinunciare a un'offerta pur allettante? È un modo di essere finalmente adulti? O è una roba ancora più puerile?

«E allora sei in città per un incontro» la sartina mi porge una tazza di tè: quant'è bello quello scampolo giallo paglia che penzola dalla ringhiera. «Ma che tipo di incontro? Se non sono indiscreta: è un incontro galante?»

«No, l'amore non c'entra» quando parlo tacciono tutti. Anche la signora anziana che lavora in fondo alla sala, alle mie spalle, arresta per un po' il suo macchinario. Forse mi credono una persona autorevole. Ma non devo dire niente di importante. Stavolta sono qui per me, per la mia vita. Niente microfoni. È tutta resistenza: la vita è un lungo atto di resistenza. Alla bruttezza, alla noia, al cambiare delle cose, al tempo.

La socia della sartina si fa coraggio. «Alle sfilate di Milano hanno messo quei tuoi brani orientali strani. Lo sapevi? Stanno molto bene nel contesto della moda.»

Annuisco, sorrido. Ho dimenticato per un momento il dolore, l'ambiguità della solitudine, la nostalgia di un viaggio vero.

«E alcune modelle» interviene la mia conoscente che vuole sottolineare il fatto di esserci stata anche lei alle sfilate, «si muovevano in un modo che era il tuo, quasi riproponendo i tuoi gesti eleganti.»

Rido. «Una gestualità squisitamente pianistica la mia. È un retaggio che viene dall'esercizio al pianoforte e poi si trasforma.»

«Ma da bambina cosa sognavi di fare? Volevi fare la cantante, no?»

«Io non ci pensavo proprio a cantare. Esibirmi così era l'ultimo dei miei pensieri. Fosse dipeso da me non avrei fatto niente nella vita. Sarei rimasta nell'ozio. E non pensate sia uno spasso, o una cazzata. La cosa in assoluto che mi piace di più è fare niente. Starmene nell'ozio… che poi è la cosa più difficile.»

L'arrivo di clienti distoglie l'attenzione dalle nostre parole.

E invece nonna ha insistito per farmi studiare. In un baleno il pensiero è a nonna e a nonno, al conservatorio e alla ricerca del sesto rigo, all'ospedale in cui sono rimasta fino alla scorsa settimana, lo stesso in cui ho salutato nonno quando nessuno se la sentiva di accudirlo.

Cosa fare di fronte alla sofferenza? Sei troppo buono, nonno. Fidati di me e vattene, mona! E ho aperto la finestra. Vai! Adesso ho capito che la ricchezza della malattia è affidarsi agli altri.

Scuole prestigiose, maestri esigenti, ambiente privilegiato. Ho passato l'infanzia tra accademie, teatri e sale-concerto e tutto ciò che ricordo sono le raccomandazioni dei docenti: conserva la sobrietà nei movimenti del corpo, non attaccare la tastiera da troppo alto, ascoltati suonando, sii severa con te stessa, impara a giudicarti.

«Quanto rigore!» esclama la triestina ritornando al piano di sopra vicino a me. Mi ha sentita? Ero convinta di parlare a me stessa. Questa non è la città dei monologhi interiori?

Parlo per chiunque voglia ascoltarmi. «Ti dirò, al momento è stata una gran rottura di palle, è vero, ma col senno di poi quell'allenamento mi ha dato gli strumenti per campare in questo mondo.»

Nel negozio è tornata la calma. Si rifà viva, meno timida, la socia della mia conoscente. «E a quando un nuovo album?»

È straordinario il modo in cui tutte e due riescono a non accennare minimamente alla mia malattia, al fatto che entro ed esco dalla scena musicale con una frequenza sospetta, alle malignità che riportano i giornali.

Non posso che sorridere.

«Sembra un'intervista, ragazze. Un album... non lo so. Ho voglia di qualcosa di nuovo. Di un'avventura, di un percorso di sviluppi e recessione. Se il referente del mio lavoro è il pubblico, forse se lo merita che io m'impegni. Tornare in salute è come rinascere. Un tour nei teatri, questo sì lo rifarei. Ma comunque una canzone nuova, una sola, in effetti c'è. Ed è un pezzo potente.»

«E chi l'ha scritta?» mi domandano quasi in coro.

«Non posso dirvi niente. Non so neanche se la inciderò. Ciò che posso raccontare è che si tratta di tre autori, una coppia di musicisti grandissimi e lei, la poetessa, l'unica, alla sua prima canzone: un trio inedito. Per convincermi, mi hanno mandato un provino in cui un uomo mi imita. Ed è straordinariamente somigliante. Cosa non facile perché la voce femminile ha un numero doppio di vibrazioni al secondo rispetto a quello della voce maschile.»

Quel mostro mi conosce così bene che ha quasi raggiunto il sesto rigo. Che mago, mi ha spiazzato! E io il pezzo devo proprio cantarlo.

«Muoio dalla curiosità!» dice la mia conoscente triestina.

Ho già detto troppo, così cambio discorso. «Che ne è stato del vento? Dove l'avete messo?»

Di colpo l'umore cambia. Le tre donne trattengono il fiato, entrano in immersione, l'atmosfera si fa ultrapiatta.

«L'hai notato anche tu, vero? È da un po' che non soffia più. Non è normale, non succede mai, ma...» la sartina assume una posa drammatica e abbassa la voce, come per non farsi sentire. «Per la verità mi ricordo due occasioni in cui è già successo... sì, una cosa del genere. Voglio dire, è chiaro che la bora non soffia di continuo, ogni giorno. Ma un paio di volte è stato come se sentissimo di esserne rimasti orfani, tipo adesso. La prima volta quando ero bambina, avrò avuto otto anni: il vento era misteriosamente sparito e qualcuno raccontava la strana storia che fosse andato a soffiare da un'altra parte. Poi, più di recente, nell'89: so la data perché poco dopo è caduto il muro di Berlino. Qui, che la nebbia non c'è mai, era diventato il set di un film dell'orrore! È come se ogni tanto il vento si esaurisse e in quei momenti anche noi ci esauriamo con lui.»

«Mi manca la purezza glaciale della bora» commento io per uscire da quei pensieri cupi. «È l'esperienza più tipica di questa città, no? Tanto attesa e temuta. Oh, quanto è utile illudersi che ci sia qualcosa in grado di ripulire da polvere e ossessioni.»

Tra cinque minuti mi alzerò e lascerò questo atelier. Mi restano solo una manciata di cose da sbrigare prima di recarmi al mio incontro: un ricordo da rinfrescare, un altro da seppellire, una cosa da augurarmi, una da prefiggermi; avrò anche da fare una promessa, da dedicare un pensiero a qualcuno, da scegliere una cosa e da scartarne un'altra.

Il mio sguardo torna alla ringhiera. «Quella bellissima stoffa giallo paglia, quanta ne avete?»

«Quella lì? È solo uno scampolo purtroppo. Avevi in mente qualcosa? Forse posso trovarti una stoffa simile ma cambia il colore. Oppure tutt'altro genere ma molto originale: sarebbe perfetta per te! Vuoi farne una stola? Aspetta che ti mostro.»

Tutto mi sfibra. Ma forse è solo la convalescenza.

Avanti. Il mio corpo necessita di movimento. Devo camminare. Fare le scale è un'impresa ardua ma inevitabile. Fanno più male i gradini da scendere o le scale da continuare a suonare?

«Arrivederci» dico, ed esco lasciando tutti con la curiosità inappagata di sapere cosa ci faccio oggi a Trieste. Un attimo dopo sono già in strada, nell'aria perfettamente ferma.

Riprendo a passeggiare per vie e piazze affollate: ombre, presenze, voci, frammenti di frasi. È un divertimento attraente per chi ama osservare e conoscere gli esseri umani. Gli edifici sembrano tutti palazzi, la strada che porta verso il porto è un unico, lungo negozio.

Per me è solo una questione di spazi perché questa non è la mia città. Della propria città si ha una prospettiva che si sposta nel tempo. Meglio contare i passi e misurare le distanze, stupirsi per un'apertura o cercare invano uno sbocco che non c'è.

E arriva il momento di accendere una sigaretta. La prima della giornata: che brava. Il dottore occhialuto sarebbe fiero di me. Peccato solo aver iniziato a fumare per amore: i vizi di passione sono poco eroici e te li porti dietro per sempre. D'altra parte quando hai quindici anni e il ragazzo che ti piace riparte per Roma perché la vacanza è finita, l'unica illusione di stare ancora con lui è mettersi a fumare per imitarlo. Per ricordare il suo odore, la smorfia che faceva soffiando fuori il fumo. Per perpetuare il gesto di lui che mi passa la sigaretta per due tiri. Ora che è lontano c'è bisogno di qualcosa che me lo faccia sentire accanto.

E se quando torna a Roma mi tradisce? Sarebbe interessante stare male per questo. Provare dolore, struggersi, non riuscire più a vivere. Ma la gelosia non so che cosa sia. Non me ne posso occupare.

Quante storie per motivare il vizio del fumo. Se dovessi spendere un solo pensiero in tribunale direi: L'ho fatto per amore, credetemi! Anche il dottore occhialuto mi darebbe ragione e cavallerescamente mi farebbe accendere.

Che bello camminare in una città di mare: odore di pesce, parolacce, volti già abbronzati a maggio. Che bella la perdita del controllo creativo.

«Scusa, sei...?»

Ho preso dalla borsa uno specchietto per controllare il mio viso pallido, truccato appena, gli occhi già stanchi per il risveglio mattiniero. Da quel piccolo oblò che sta in una mano guardo il giovane sbucato alle mie spalle.

«Sì» gli rispondo con indifferenza. Ma non sono spocchiosa, è che non ci trovo niente di straordinario nell'essere me stessa.

«Non ci posso credere. Mi faresti un autografo, per favore? Ascolto da sempre le tue canzoni: quando ero bambino piacevi ai miei genitori, adesso piaci a me.»

«Sono un vizio di famiglia» dico mentre disegno automaticamente sul suo quaderno il solito scarabocchio.

Stare impilata in un salotto di casa, tra il servizio buono e le foto del matrimonio, fa di me niente di più di un prodotto. A vederla così è una fine un po' avvilente.

Finisco di fumare, perplessa, sotto un pioppo enorme che ombreggia tutta la piazzetta a due passi dal mare. Ho camminato, il mio corpo necessita di movimento. L'attività fisica è d'obbligo in questa fase di ripresa.

Bello sarebbe se fossi direttore ma hai ragione tu, al piano l'esecutore può compiere un numero di operazioni quasi pari a quelle dell'orchestra. Basta che mi guardi suonare per notare che tutto, l'incrocio delle mani, i passi in doppie ottave, l'alternanza di masse diverse di sonorità, non fa altro che mimare le disposizioni orchestrali. È il pianismo sinfonico, no?

Penso non sia tardi, nonna, posso sempre riprendere a studiare e cambiare rotta. Perché no? Direttore d'orchestra a cinquant'anni, dopo aver fatto la cantante per una vita, fin da ragazzina. Non si può finire per essere solo un prodotto. Mi affascina il salto nel vuoto. Una discesa nel buio, nel silenzio, nel mistero. Come calarsi nelle tombe etrusche, quando mi portavi a visitare le necropoli. Ero così piccola che il buco nella terra mi sembrava potesse inghiottirmi. Chiudevo gli occhi scendendo i primi gradini ma poi li riaprivo. Era terrificante e magnifico. Che palpitazioni! Quella sensazione potente di andare verso il nulla. Era un procedere dritta dritta incontro alle budella di un mondo sconosciuto.

Dipende tutto dalla chiave di basso, è da lì che parte la lettura. Lo dicono i maestri, deve essere così.

Lenti fruscii. Una foglia si stacca a fatica dal ramo del pioppo e plana giù dritta, in terra ai miei piedi. Non c'è un filo di vento ma si sta bene qui.

E zitto zitto sei arrivato anche tu. Chi è importante sa da sé come entrare in scena. Non c'è bisogno di occhiali da sole, né del rullo di tamburo o del faro in sala, nessun trucco se ci sono eleganza e autorevolezza. Tanto mistero per una coda sinuosa e qualche passo felpato. Ma sì, micio bello, sono qui per te, sono tutta tua.

Vuoi una carezza sul collo, una strigliata alla schiena?

Con un attento distacco i tuoi occhi antichi notano in me un'ombra di ridicolo. Dice un proverbio orientale: *Quando entri nel letto con la tua sposa, guarda gli occhi del tuo gatto*. Io credo nella saggezza degli animali, credo nelle fanciulle-pesce, negli uomini-leopardo e in tutte le possibilità combinatorie tra uomo e animale.

Tu lo sai, bel micio: le divinità hanno testa di animale. Noi uomini siamo nati da un uovo, siamo stati allattati come cuccioli, curati da fiere compassionevoli, tratti in salvo dall'infallibile istinto felino. C'è sempre un unicorno che mi aspetta in camerino, credimi.

Insegnami i segreti del tuo libretto, per favore. Mi fido di quella saggezza antica. Ché io sia pronta quando verrà il momento di uscire al giorno. Pronta ad affrontare la lotta con l'oscurità per ritornare nella luce. Vorrei ritirarmi in un posto tranquillo, da sola, come fate tu e i tuoi compagni. Senza disturbare, senza disturbi altrui.

Sei tutt'orecchi, lo vedo. Un gatto in grembo, o alla finestra, è un monito e un invito.

Si è trattato solo di una distrazione sulla via del dovere.

Se il micio sapesse chi sto per incontrare non approverebbe. Lui che è indipendente, così libero.

Magari fosse una storia di affetto e di svelamenti con un ventisettenne. Magari si trattasse di amore, di sesso. Sarebbe il massimo della elusività, ma in fondo una faccenda di sesso vorrebbe dire confrontarsi con la nostra verità più intima, che annienta, che è insostenibile. E sarebbe meglio, il sesso, rispetto a un discorso d'amore.

Noi parliamo d'amore anche se non ne sappiamo niente.

La sessualità invece è più schietta: è scandalosa.

La gente non ha mai tempo per le cose interessanti. Una cosa interessante è viaggiare, un'altra è rinnovare il guardaroba. Ma tutti si perdono dietro al terrore dell'età, degli anni che passano, nella fobia dell'invecchiare.

Un fascio di capelli chiari, lisci e immobili, tutti composti, un corpo esile e magro, l'espressione di chi attende un compagno di giochi che si è attardato troppo a lungo in giardino con un trastullo proibito. No, non sono io. Non è l'immagine allo specchio. È lei. Si staglia imperiosa nella sua figura in miniatura. La riconosco subito. Non la vedo da anni.

Sopra un giro di rock la raggiungo. La piazza del nostro incontro è una spianata sterminata dove maestosi palazzi fanno da quinte teatrali per il cielo che incombe, schiaccia e lancia tutto verso l'alto, è un cielo bianco, fermo e assente. Ma la platea in questo caso è il mare: in fondo c'è un blu compatto e onesto di sguardi e salsedine. Come pedine di legno su una scacchiera, siamo una di fronte all'altra. Mi assomiglia davvero: potrebbe essere mia sorella.

«Ciao» mi dice e avvicina la sua guancia destra alla mia. Non è un bacio, riconosco piuttosto un gesto di saluto di una certa borghesia di anni fa che forse si sta estinguendo. È bello che voglia instaurare subito un contatto.

Non ci vediamo da così tanto tempo che vorrei salutarla in un modo originale e invece apro la bocca per pronunciare solo una parola. «Mamma.»

Poi vengo presa da una strana reazione che in qualche modo mi ricorda l'uso del playback. Per me il playback è un problema, non sono mai stata brava a farlo in televisione. Mi succede come adesso, che devo dire delle cose, le sento uscire dalla mia gola ma non riesco a muovere le labbra a tempo. Le parole non escono in modo naturale, c'è un problema di sincrono.

«Ti trovo bene» mi dice lei. Io sorrido per coprire l'imbarazzo. Mi trova bene rispetto a quando? Non ci vediamo mai. Sono anni che siamo lontane. Rispetto alle foto sui giornali? Rispetto all'ultimo passaggio televisivo? La guardo meglio, la studio. Guardarla è come autoritrarsi.

«Riesci a parlarmi? Ce la fai?» mi domanda con l'intento di venirmi incontro.

«Prima ho parlato con un gatto» le dico. «Vuoi che non lo faccia con te?»

Ridiamo entrambe. Poi mi sfiora un braccio con fare complice. «Ho prenotato qui in piazza per pranzo.»

Io non sono più abituata a mangiare in un ristorante dopo l'ospedale. Ma forse non lo sono mai stata.

Seguo mia madre con un movimento congiunto verso il ristorante che ha scelto.

La piazza è insolitamente deserta. Sembra che a nessuno salti in mente di fare una passeggiata, o di mangiare al ristorante.

Ci sediamo all'aperto, sotto un tendone. Il cameriere arriva subito coi menù e chiede cosa beviamo. Lei ordina acqua per tutte e due.

Dopo un minuto non resisto e mi accendo una sigaretta. Allora mia madre comincia a fare la madre. «Ma puoi già fumare? Non ti farà male?»

«Posso fumare e posso bere» risponde la mia voce con il capriccio dell'interprete.

«Benissimo. Era solo per sapere» aggiunge lei quasi per scusarsi. «Siccome prendiamo pesce, ordino anche due bicchieri di vino.»

«Sì» le faccio io. Qualcosa dentro di me mi spaventa. Ho un filo di voce. Come farò a tornare a cantare? Ho troppa anima, ma anche una certa quantità di corpo. Il punto è che adesso mi manca il fiato.

Lei, che deve avere intercettato il mio pensiero, mi domanda: «Com'è andata là?» e con la testa indica a ovest, verso Venezia.

Capisco che si riferisce all'ospedale. «Pensavo peggio. Ma ne sono uscita. Eccomi qua.»

Vorrei chiederle perché ha voluto vedermi.

Torna il cameriere e lei ordina per tutte e due. Non le stacco gli occhi di dosso: una madre è uno specchio che ti accusa.

Non prosegue il discorso sulla malattia. Vira su altri argomenti. E ciò mi disorienta.

«Cosa fai di sera?» mi chiede mia madre mentre arrivano gli antipasti.

Io rimango di sasso. Non capisco se il cameriere non mi ha riconosciuta o se finge bene, non so se il pesce ordinato mi piace, ho il sospetto che se sbatto gli occhi possa scomparire tutto: la piazza, il ristorante, mamma, la mia vita.

Prendo fiato senza muovermi, mi rilasso e quando comincio a rispondere sento un sorprendente benessere. «La sera mi piace sedermi al piano. Mi siedo dopo aver acceso la televisione. Cerco un canale straniero, di solito americano, ho il satellite. La televisione non è lontana dal piano. Metto la sordina e con le dita batto sui tasti. Il mio sguardo è quasi sempre fisso alle immagini che sfilano sullo schermo. Intanto suono sottovoce qualcosa. A volte parto da una melodia nota. A volte, invece, suono quello che viene. Improvviso una serie di note che ho come ammassate nei polpastrelli e che si liberano soltanto quando tocco i tasti. Esce qualcosa in musica che si confonde col brusio infinito della televisione. Ascolto quel suono, non lo ascolto, riconosco che è mio, non me ne importa più. Posso andare avanti anche per un'ora o due in questo modo.»

Mia madre annuisce e beve un sorso di vino. «Anche da bambina suonavi il piano con la sordina. La nonna ti diceva che esercitarsi non era un gioco e tu allungavi la gamba e la toglievi subito. Il tempo non cambia certe cose.»

Ancora il tempo. Non riesco a ricordare il tempo. Immagino che invecchiando si scopra che la linea del nostro tempo è priva di senso. Io ricordo alcuni singoli episodi, solo gli istanti hanno importanza per me.

Lei parla poco e io mi sento come fossi nuda.

«Perché?» rompo il silenzio così.

Nella grande piazza non passa anima viva. Sotto la tenda del ristorante ci siamo solo noi due sedute a sbocconcellare dai piatti. Il cameriere non si vede da un po'. È un circo abbandonato, un set che ha dei limiti instabili, tutto potrebbe cambiare sotto i miei occhi, come se ci fossero degli spettatori invisibili, nascosti dietro la fontana o all'angolo di un palazzo, pronti a determinare lo spazio scenico e le azioni che avverranno, a programmare le battute, le mosse, le note.

«Perché ero molto giovane» mia madre risponde senza chiedermi di specificare il senso della mia domanda.

«Eravamo molto giovani, io e tuo padre. Ma so che non è una giustificazione. Tanto giovani e persi che un giorno ti abbiamo quasi dimenticata dai nonni, per comodità...» Apprezzo la franchezza. Nascere da genitori giovani è positivo, ti rende forte, in salute, dà la tempra. Erano innamorati, e nascere dall'amore è una fortuna. L'amore, la gioia, la fortuna, la luce: sono questi doni che la gente trova in me e nella mia musica. E lei, mentre mi aspettava, ascoltava buona musica.

Mi hai voluta con te perché avresti voluto una figlia: giusto, nonna? Ognuno racconta la sua verità, e va bene. Crescere con i nonni può essere interessante: alcuni ti trattano come un adulto. Hai già fatto sesso? Brava ma alla tua età vedi di non restare incinta. Vuoi lasciare gli studi? Libera di farlo ma dovrai essere indipendente. Crescere senza genitori ti prepara prima alla vita:

come avrei potuto fare le cose che ho fatto se non fossi stata pronta fin da piccola?

La città è ferma. Qui il tempo cronologico e il tempo meteorologico vanno d'accordo e si prendono una pausa dalla realtà. Non c'è ansia, nessun impegno mi insegue, nessuno mi riconosce. Le statue, l'orologio sulla torre, le pietre dei palazzi sono in rieducazione. Immagini e rumori sono assemblati confusamente. Manca una logica. E io mi sento bene.

«Perché?» domando di nuovo.

Se ci fosse vento, l'eco della mia voce rimbalzerebbe, tornerebbe indietro, invece è un suono sordo, come una vibrazione che sbatte contro una montagna. Dev'essere stato al Lido o ai Giardini Reali. Avevo l'età in cui la terra è più vicina e lo sguardo si perde a osservare in giù. Il vento sparpagliava sulla ghiaia tante foglie morte e io, accovacciata sulle gambe, le raccoglievo in un bicchiere di plastica. Alcune non ci entravano, erano troppo grandi, altre venivano ricacciate fuori dal vento che ogni tanto soffiava più forte. Allora tappavo il bicchiere con la mia piccola mano per bloccare almeno qualche foglia. Una raccolta inutile, ipnotica, eterna.

Mamma sorseggia il vino e dice: «Avevo voglia di scoprirti, di iniziare in ritardo un rapporto che ancora non c'è stato». Nuovamente mi meraviglio del fatto che risponda senza esitare. Sembra che segua la mappa di un percorso e che proceda nella nostra scarna conversazione secondo le indicazioni di una piantina turistica.

Mica male diventare figlia a cinquant'anni.

Poi la faccia di mamma diventa per un attimo la faccia di nonna ed ecco una tensione sconosciuta che somiglia a un dolore. Senza preavviso ricado nella fanciullezza, il mio corpo si trasforma e mi spaventa. La televisione mostra i varietà del sabato sera in bianco e nero ma io ricordo un colore, il rosso. In quei varietà leggeri e disimpegnati presto sarò protagonista. La voce calma e distinta dice di non preoccuparmi del rosso, è normale. Diventare signorina è naturale come imparare a cavalcare un puledro, ci vuole solo un po' di esercizio all'inizio. Non vale la pena crucciarsi, meglio sorridere.

«Perché?» ci ho preso gusto e continuo a chiedere.

Stessa domanda, per la terza volta.

Adesso la piazza è una stanza senza finestre fatta di alte mura. Una pietra sopra l'altra, pareti lisce a chiudere la strada. Io vorrei spalancare le porte invece.

Forse bisognerebbe tenere a mente le lezioni imparate da piccoli. Ma io non sono come gli altri. Mi fermo al tempo presente. Prima e dopo non c'è niente di rilevante, niente che valga davvero la pena.

«Cercavo un posto di mare dove ogni mia opinione fosse smentita.» Mamma senza battere ciglio risponde alla mia terza domanda. «Per questo ho scelto Trieste.»

Intorno a noi si nota solo qualche colombo in visita. Il tempo è sempre fermo.

Io, con una dignità da bambina abbandonata, mi porto in bocca con la forchetta un pezzetto di pesce. Mi ha convinta l'odore che ho colto, un odore che commuove.

«La guerra fredda ormai è finita e anche questa città può tornare a essere un giardino d'infanzia.» La guardo mentre parla così: potrebbe essere una mia battuta. La sua voce è la mia, il pensiero chissà. Avrei voglia di pettinarle i capelli: di alzarmi e andare alle sue spalle a sistemarla. Una ricerca insensata del piacere: perdersi nello specchio, massaggiare la testa, portare con devozione i capelli verso una giusta direzione.

Mi piacerebbe pettinare mia madre ma resto dove sono. Sto benissimo come sto. Seduta con le mani rinfrescate dalle posate e i gomiti a riposo sulla soffice tovaglia. Forse l'apnea è finita.

Quello che non ha fatto la prima volta, quando sono nata, lo fa adesso.

Ora è lei a parlare. «Non so come fai a sopportare di vederti sempre ovunque: televisione, giornali. Io impazzirei.»

«Anch'io impazzirei: infatti non mi guardo mai.»

Che siano gli altri a collezionarmi e a ritagliarmi, io resto sana e distaccata.

«Sì, ma fa tutto parte del ruolo dell'artista, del suo potere.»

Ha ragione lei, è incluso nel pacchetto.

Invece bisognerebbe continuare a cantare solo dentro di sé, a bocca chiusa, mentalmente. Oppure sparire per sopravvivere, per ricominciare.

«Ultimamente mi addormento ascoltando musica.» Mamma paga il conto mentre il cameriere porta una coppa di gelato che non toccherò. «È uno strano sonno leggero quello accompagnato dalla musica: a volte sconfina in una lunga veglia.»

Quel discorso equivale a una confessione. Domando incuriosita: «E cosa ascolti?».

«Haydn, più i quartetti d'archi che le sinfonie. Poi a volte scivolo su Brahms. I sogni così mi vengono meglio, sono densi come un bel film.»

Ha ragione: bisogna distinguere tra la musica e la filodiffusione.

«E tu cosa sogni?» mi fa lei.

Non sbatto neanche ciglia. «Il mio ultimo concerto. Ma senza nostalgia o tristezze. Immagino un addio composto, asciutto. Forse commovente per i fan ma pacificatore per me. Un'ultima benedizione laica a tutti dall'alto del mio palco. Sarà una serata di cielo velato, a un tratto la gente starà sotto gli ombrelli. Tanti ombrelli colorati che poi saranno portati in alto dal vento, un pulviscolo di mezze bolle che danzano per me.»

E in quel momento, nella città del vento rimasta senza fiato, sospetto che questo strano fenomeno meteorologico sia l'effetto anestesia che continua a durare anche a distanza di settimane dall'intervento. Tutto qui ha la consistenza dell'ovatta e il candore dell'aria non è quello del camice del chirurgo ma della levatrice. Sale un odore che non ricorda il mare, è disinfettante, anestetico, la sensazione asettica a cui non puoi far altro che abbandonarti con fiducia perché in certi momenti sono gli altri a tenere il filo della tua vita. Adesso questo potere è tornato nelle mani di mamma.

«Sogno quell'ultima esibizione perché sarà un evento unico: mi piace l'effimero, il concerto che non resta, la musica che non viene registrata.»

Mi sono tanto esercitata alla disciplina al conservatorio che non mi spaventa l'attesa.

Io e lei, sole, in piazza a Trieste, sedute a un tavolo. Questo è un momento importante e delicato, un ritorno alla vita, che non può essere turbato da elementi di interferenza, nessun vento da affrontare, nessun respiro da normalizzare: è un'ultima prova, l'ultima apnea prima di riprendere a respirare.

«Io sono solo un intermediario» continuo a dire a mamma. «Sono l'esecutore e sto a metà strada tra l'autore e il pubblico e perciò partecipo ai problemi di entrambi. Ma non vivrò da condannata al palco. Del pubblico si deve fare a meno.»

Nello spazio luminoso e artificiale di una spianata invasa dalla luce, c'è un sole alto e invisibile che mi sovrasta.

«Una volta il pubblico l'avrei mangiato. Non avevo paura di affrontarlo e mi è capitato anche un pubblico cattivo, violento, ostile... spettatori che arrivavano a vedermi con intenti terroristici. Oggi no, non lo mangerei il pubblico, mi ci siederei a tavola come adesso con te. Sulla terra siamo tutti ospiti di una tavola altrui. Un domani non so. Magari ne avrò timore.»

«Sarebbe bello un soffio di vento profumato...» comincio a dire ma mia madre mi guarda seria, mi ammonisce senza aprire bocca. Perché questa giornata è opera sua e io penso di aver ritrovato la mia vita proprio quando temevo di perderla.

Nonna diceva che si saluta con gli occhi più che altro. Io e mamma ci siamo lasciate così come ci siamo riviste. Poche parole. Ma so che salutarsi è una delle cose più umane, è importante.

Penso per un attimo al disco che stavo provando, a quell'ultimo lavoro interrotto, alla nuova canzone che ha riunito tre mostri sacri. È un album asimmetrico: ci vorrebbero regoli e compassi per raddrizzarlo un po', per dargli una forma.

Mi lascio la piazza alle spalle e m'incammino in una dimensione urbana di dame e paladini, un labirinto lineare di simboli in cui si può andare in cerca di ciò che più si desidera oppure si può vagare indisturbati fino a smarrirsi.

Sono trascorse le ore ma il sole sembra non voler tramontare, irradia ma non si fa vedere, scandisce un ritmo irreale. E gli occhiali scuri non mi proteggono dalle incongruenze: quella che ho visto era davvero mia madre? Ho pranzato con qualcuno oppure mi sono solo illusa di essere guarita?

Devo lasciare la città del vento. La città che quando è senza vento permette agli artisti di ritrovare se stessi.

Sul treno si ode un fischio stridulo e le porte si chiudono. Tiro un sospiro di sollievo, si torna in sospensione, il tasto riacquista la posizione in pausa.

Il fischio del treno come una melodia sommessa. Mi stupisco ancora per questi segni? Lo so che il tempo della musica è un tempo onirico.

Che bel trucco! Grazie, mamma.

Dal finestrino a destra la città si confonde con l'azzurro delle colline. A sinistra, invece, il mare mi riporta all'infanzia, come sempre. Il passaggio dal mare alle pietre bianche aguzze è come il passaggio dal silenzio a un grido.

Tamburello le dita contro il vetro, seguo il disegno di una goccia, batto a un insetto di passaggio, memorizzo un esercizio di diteggiatura che torna chissà da dove. Mi accomodo meglio sulla poltrona, chiudo gli occhi. La musica non finisce mai, si spegne.

I REDUCI

Buio.

Nel buio una fioca luce.

Si distingue una piccola figura, immobile. Una bambina. Una bambina piccola che non parla ancora. Indossa occhiali da sole di plastica gialla, troppo grandi per il suo viso. Un uomo la tiene per mano.

La bambina è ferma, muta.

L'uomo si volta verso di lei. Gli sembra che la bambina abbia fatto una domanda. Si sente in dovere di rispondere, di rassicurare la piccola.

La bambina è ferma, muta. Non parla ancora.

L'uomo conosce la domanda anche senza udirla. Vorrebbe dire che sì, durante quella strage si era provveduto a nasconderla. La bambina interroga da dietro gli occhiali scuri che le nascondono metà del volto. Certo, vorrebbe rispondere l'uomo, Erode era intenzionato a eliminarli tutti. Tutti i neonati innocenti che avrebbero potuto essere Gesù. Ma l'avevano portata al sicuro. Lui e la madre avevano fatto l'impossibile per preservarla dal massacro.

Essa era salva.
Salva, dietro gli occhiali gialli.

«Una volta qui c'era il porto?»

Giovanni e Cristina guardarono sconcertati gli ospiti appena arrivati da Milano. A parlare era stato il più giovane dei due uomini, per la verità il solo ad avere aperto bocca da quando si erano incontrati.

Giovanni mosse la testa in direzione del porto vecchio: era completamente invisibile, avvolto nella nebbia. Poi fissò Cristina come a chiederle aiuto, o pietà. Prolungò lo sguardo alle loro spalle, al rettilineo da dove erano venuti, per fermarlo sulla riva, alla base del molo. Ma non riuscì a rispondere. Un verso di uccelli arrivava da chissà dove.

Parlò Cristina. «Qui sulla destra c'è il porto vecchio, abbandonato da tanti anni. Il porto nuovo, invece, è di là, più lontano, nella zona industriale. Ma oggi è impossibile vedere qualcosa...»

Giovanni deglutì con amarezza: raccontare dell'attività inesistente del porto equivaleva ad ammettere una sconfitta. La sconfitta della città, e di riflesso la sua. Nell'aria pesante e torbida echeggiava ancora il suono dell'animale misterioso. La nebbia quel pomeriggio contribuiva a cancellare ogni traccia della passata florida vita emporiale. Era tutto lontano, un remoto sentito dire.

Lo straniero che aveva posto la domanda sembrò non badare affatto alla risposta e s'incamminò sul molo tornando verso la terraferma. L'uomo che era con lui, un vecchio col cappello grigio, concentrò invece l'attenzione nella direzione di quel porto morto che galleggiava sul mare immobile. A Cristina parve che avesse riconosciuto qualcosa: il vecchio si tolse per un momento il cappello e stette come in ascolto. La donna trovò la cosa singolare perché la cappa tutt'intorno a loro era densa e fitta e degli edifici vuoti, laggiù, lei non riusciva a scorgere nulla.

«Maestro, andiamo.»

La voce dall'accento milanese distolse il vecchio dalla sua osservazione. Tutti e quattro tornarono indietro verso la macchina da cui erano scesi.

Il corridoio dell'università cadeva a pezzi, l'intonaco si accartocciava agli angoli del soffitto e i caloriferi sembravano sul punto di staccarsi per sempre dal muro. Ma dalle finestre si poteva godere della vista di un giardino selvaggio e casuale, con alberi e cespugli che crescevano liberi. Quel lungo corridoio intorno al giardino poteva ricordare l'accademia. Quasi che la natura fosse delimitata da un quadrilatero con le pareti a vetro: impossibile dall'edificio individuare il terreno sommerso nell'intrico di rami e fogliame e, al tempo stesso, inutile da laggiù, alla base degli alberi, immaginare l'esterno oltre i muri.

Il giardino è una grande stanza senza pavimenti né soffitto.

La professoressa Silani era rientrata nel suo studio da pochi minuti: non aveva potuto evitare di passare dalla parrucchiera. Quel giorno doveva essere perfetta. Da quando era diventata preside di facoltà quello era l'incontro più importante che le capitava. Era curiosa ed eccitata in una maniera che la stupiva: si sentiva di arrossire come una ragazzina per quella visita. Guardò ancora una volta il suo riflesso nell'anta della libreria: eppure lei non era vanitosa.

«Siamo molto lieti di averla qui in città» disse la donna dopo qualche minuto. I tre ospiti avevano bussato e si erano accomodatati. Fatte le presentazioni e liquidati i primi convenevoli, la professoressa si era ritrovata a parlare con il direttore del teatro milanese che aveva combinato l'incontro e con la giovane segretaria e assistente del Maestro. Lui, l'illustre artista di cui tutta Europa parlava, aveva sussurrato solo un buongiorno, tanto che Antonella Silani si domandò se forse non capisse affatto la sua lingua.

«La nostra università si mette volentieri a disposizione, eh. Sarei felice che gli studenti di Discipline dello Spettacolo potessero essere coinvolti nel lavoro e partecipare attivamente. Certo, degli aspetti organizzativi se ne occuperà il teatro stabile, ma mi piacerebbe affrontare con voi i contenuti artistici e drammaturgici di questo progetto.»

Il Maestro, che era rimasto immobile e silenzioso seduto in mezzo ai suoi accompagnatori, emise un leggero suono sordo, cavernoso.

La sua assistente, sistemando i capelli biondi dietro le orecchie, si affrettò a spiegare alla professoressa: «Grazie, lei è molto gentile. Il Maestro lavora con i suoi collaboratori e i suoi attori, quindi non prevediamo il coinvolgimento di terzi e neanche di fare laboratori: il Maestro preferisce così».

«Come volete...» rispose Antonella Silani, dispiaciuta più per aver fatto una gaffe che per il rifiuto incassato. «Comunque ci sono molti studenti che sarebbero felici di poter assistere alle prove. Me lo hanno chiesto in tanti, eh.»

«Grazie dottoressa» intervenne Girometti, il direttore del teatro milanese che produceva gli spettacoli italiani del Maestro.

Antonella Silani si voltò verso di lui infastidita: se c'era una cosa che non sopportava erano le persone che chiamano tutti *dottore* senza fermarsi a ragionare sui ruoli e sui titoli. «Per le questioni teatrali me la vedo io con lo stabile. A lei e ai suoi collaboratori il compito di fornire al Maestro le informazioni che desidera sulla città e preparare i sopralluoghi nei posti più suggestivi.»

Quella risposta riduceva la partecipazione dell'università a una vaga funzione di guida turistica, ma la professoressa Silani era troppo intenta a continuare a osservare di sfuggita il Maestro. Lui guardava fuori dalla finestra, gli occhi, segnati da profonde rughe scure, interessati all'impercettibile movimento delle foglie degli alberi. Il vecchio le ricordava un attore comico che si vedeva in televisione quando lei era ragazza: una brutta faccia con tratti duri e inquietanti che non le piaceva affatto. Il volto del Maestro assomigliava a quello della macchietta in bianco e nero ma stranamente lei non lo trovava ripugnante, pensava anzi che le piccole deformità lo rendessero autoritario, profondo.

«Questo è il numero del nostro albergo» disse la bionda assistente alla preside. «Io sono Esther. Stasera chiamo Cristina e Giovanni così ci accordiamo per il programma di domani.»

«Arrivederci» fu il commiato di Antonella Silani. «Peccato per tutta questa nebbia.»

Il Maestro la fissò con un guizzo negli occhi. Per la prima volta le sorrise.

Nel lungo perimetro del corridoio ancora il giardino, oltre le vetrate, a evocare gli anni dell'accademia e uno dei primi furibondi litigi in una produzione teatrale. Motivo della disputa il numero insufficiente di foglie su un albero di carta. Il regista non capiva la sua creazione scenografica? E lui se ne era andato. Adesso ecco gli alberi avvolti e mangiati dalla nebbia.

«Pronto, Cristina? Allora com'è andata con i milanesi?»

«Professoressa, buonasera. È andata bene. Domattina abbiamo appuntamento per una serie di visite.»

Antonella Silani sistemava una ciocca di capelli laccati davanti allo specchio del suo salotto: tutta quella umidità aveva già quasi vanificato il lavoro della parrucchiera. Il vento non le piaceva, la bora la rendeva addirittura nervosa e intrattabile, ma la professoressa si stava ricredendo: la nebbia è un male peggiore. «Ti pare abbiano già individuato qualcosa? Lui cosa dice? Che reazioni ha avuto?»

«Ma veramente lui non parla proprio» rispose Cristina togliendosi le scarpe da ginnastica. Era contenta di essere stata incaricata di accompagnare il grande artista, si sentiva una privilegiata a poter conoscere da vicino un pezzo vivente di storia del teatro. Anche se quella prima giornata era trascorsa in modo strano. «Non si riesce a capire che cosa pensi. Se c'è qualcosa che gli interessa o lo ispira. Comunque è molto attento e mi sembra incuriosito dalla città. È rimasto a lungo sul molo, rivolto verso il porto vecchio, anche se non si vedeva niente oggi. Poi in macchina Esther, la sua assistente, mi ha raccontato che nel paese in cui è nato c'era uno stagno di cui lui parla spesso. Ma francamente non vedo cosa c'entri uno stagno con il mare.»

Cose da buttare che si ammassano.

La vista degli spettatori viene saturata da borse di plastica, sacchetti bianchi, buste di nylon, carta straccia sfrigolante e impalpa-

bile. Alcuni sono enormi teloni, rigonfiamenti che nascondono una qualche realtà.

Come nuvole spesse, nebbia, i sacchetti della spazzatura si diradano rivelando gli oggetti.

Le cose che appaiono sono i relitti, ciò che resta di una vita. Oggetti abbandonati che perdono un significato simbolico e acquistano fascino estetico.

Una tavola apparecchiata con la tovaglia bianca a frange, un vassoio a forma di foglia, un servizio d'argento. A fianco una stufa di maiolica a piastrelle e una lampada con paralume decorato.

Sul pavimento, vicino al tavolo, alcune buste da lettera, di dimensioni normali ma anche molto, molto più grandi, come vele di barca. Quaderni di scuola adagiati su una sedia. Una gabbia a forma di campana da cui è scappato l'uccellino.

Al centro della scena un grande armadio, grande a tal punto da dare l'impressione di poter contenere il mondo intero. All'interno dell'armadio, come si scoprirà a un certo punto, ci vive un uomo. Tra i vestiti appesi egli ha allestito una specie di teatrino: una scansia è il palco, le calze sono i personaggi, i vestiti le quinte. Il teatro più piccolo del mondo nell'armadio più grande del mondo.

C'è anche un enorme cassetto che sembra un muro che si apre muovendosi lentamente.

E poi molti telefoni sparsi qua e là, telefoni di varie epoche, apparecchi pubblici e apparecchi domestici. E luci di lampioni sfocate e rese come cotone dalla nebbia. A terra i tombini che portano nel sottosuolo.

Gli oggetti, sul palco, sono un campo di battaglia. Sono cose immobili: l'eternità.

La mattina dopo Girometti si svegliò di buonora: non aveva tirato le tende prima di andare a dormire e chissà dov'era finita la mascherina che portava sempre con sé. Per un attimo credette di essere a Milano. Ancora disteso a letto percepiva, fuori dalla finestra, la consistenza ingombrante e familiare della nebbia. Nell'albergo c'erano i doppi vetri, utili per ripararsi dalla bora, gli avevano detto. Certo in quei giorni il vento non era un problema.

Si mise a sedere appoggiando la schiena al cuscino. Quella città non gli piaceva, troppo periferica e sperduta per interessare davvero al suo teatro. Una coproduzione? Non era escluso, anche se lui era venuto fin lì solo per fare un piacere al Maestro. Quelle idee romantiche d'artista andavano assecondate, servivano per l'ispirazione, per la creazione. Magari si sarebbe trattato dell'ultimo spettacolo. Che fortuna portare in giro il suo ultimo lavoro. La salute del vecchio ultimamente dava da pensare. Esther gli era parsa più apprensiva e agitata del solito. Peccato fosse polacca: la ragazza aveva davvero un corpo appetitoso e i capelli biondi rendevano il suo incarnato ancora più pallido. Un giretto glielo avrebbe fatto fare senza esitazioni ma purtroppo era polacca. La tristezza e la malinconia di quella gente non facevano per lui. Cose buone per scrivere, per fare gli artisti.

Sbadigliò e allontanò le coperte. La giornata si sarebbe aperta nel peggiore dei modi: l'ospedale psichiatrico. Mai che il vecchio volesse fare qualcosa di divertente. Come gli aveva detto una volta? «Come sono noiose le cose belle.»

Nel grande parco di San Giovanni la pioggia filava dritta e silenziosa giù nel verde. La collina trasudava umidità e le palazzine eleganti che ospitavano i padiglioni del centro di cura galleggiavano sospese tra l'erba, ciascuna a una diversa altezza della discesa.

Cristina e Giovanni avevano preso la strada dall'alto. Il viale che serpeggiava tra gli edifici bassi di epoca asburgica scendeva come un percorso nel bosco delle fate. Ombre chiare apparivano già dietro i vetri delle palazzine, sotto gli alberi, di fianco a cespugli sbiaditi e muretti inutili.

«Ed ecco il nostro ex ospedale, i nostri ex internati e infine noi, gli ex medici dei pazzi! Bon!» il dottore si era presentato con fare semplice e simpatico. Era sorridente, affabile, una persona veloce e pratica, brillante, che terminava tutte le frasi inserendoci un bon.

Mentre il dottore illustrava la storia di quell'ospedale e le conquiste nel campo della salute mentale partite proprio da lì, il Maestro osservava le ombre in movimento nel parco. Chi disteso su una sedia a sdraio sotto un portico, chi agitato e curioso su una carrozzella, chi nascosto dietro ai vetri di una finestra, chi a passeggio tra l'erba orfano della barella. Il vecchio aveva fatto un cenno con la mano e, a quel segnale convenzionale, Esther aveva aperto un quaderno e ci si era buttata dentro a scrivere: seguiva lo sguardo del Maestro, registrava ciò che lui guardava e poi lo appuntava sulle pagine. Veloce e allenata, senza perdere un colpo, senza chiedergli niente, per non disturbare il momento d'ispirazione visiva.

Giovanni e Cristina assistevano alla scena completamente rapiti. Non riuscivano a capire fino in fondo cosa stesse succedendo ma loro a quel punto erano già a teatro, dentro alla pièce che veniva rappresentata, davanti a un'installazione ipnotica, erano parte fondante dell'opera che veniva scritta.

Girometti, invece, quelle dinamiche le conosceva bene. «Pagliacciate!» farfugliava tra sé. Voltava le spalle al delirio, si accendeva una sigaretta, cercava qualcosa. Nella pioggia leggera e fitta l'uomo individuò un bar e vi si diresse per asciugarsi e far passare il tempo al coperto. Si perse nella lettura del giornale e quando riapparve nel parco vide Esther che parlava animatamente con un infermiere. La raggiunse e incuriosito le chiese cosa ci fosse di nuovo e di tanto importante. «Il Maestro ha chiesto ai falegnami e agli artisti che tengono laboratori qui nel centro di realizzare per lui una *macchina per ritornare*» rispose Esther.

La macchina per ritornare? Aveva tutta l'aria di essere una nuova macchineria teatrale, l'ultima di una serie di invenzioni che incantavano il pubblico e facevano commuovere i critici. Allora l'idea per lo spettacolo gli era venuta. Girometti tornò a illuminarsi in volto: forse il vecchio aveva cominciato a creare e non sarebbero dovuti restare ancora per molto in quel posto. «Su, continuiamo il nostro giro turistico!» esclamò trionfante per spronare gli altri a riprendere l'automobile.

Il secondo incontro che aspettava il Maestro quel giorno era stato organizzato con cura dalla professoressa Silani. Dopo lo psichiatra, sarebbe toccato a uno dei più celebri scrittori e poeti raccontare qualcosa di sé e del suo lavoro all'illustre ospite. L'appuntamento era fissato al Caffè Tommaseo, il più antico ed elegante bar e ritrovo di intellettuali della città. Il caffè stava vicino al mare, non lontano dal molo su cui avevano passeggiato il giorno prima. Il mare continuava a non vedersi a causa della nebbia e nonostante ciò, nel percorso dall'automobile al bar, il Maestro allungò spesso il collo per cercare qualcosa con lo sguardo. Tutti pensarono che volesse ammirare l'Adriatico. «Sicuramente domani il tempo cambia e questa nebbia sparirà» disse Giovanni. Ma non aveva un tono convincente come avrebbe voluto.

Il grande romanziere aveva all'incirca la stessa età del Maestro. Tra i due c'era stima reciproca e gli altri capirono subito che avrebbero preferito restare da soli.

«Io abito in una zona non lontana da qui, Cittavecchia» cominciò a raccontare lo scrittore che aveva una veloce parlantina. «È la parte trasandata e sporca della città, nevvero, proprio a fianco alla grande piazza e ai palazzi del potere. Ci sono alcuni che hanno perfino paura ad attraversarla Cittavecchia e forse questa loro paura un giorno li porterà a ripulirla e trasformarla, è qualcosa che succede in molte città europee, non è vero? Ma io invece amo quel rione cadente che testimonia il passaggio di così varia umanità. Per farle un esempio, di fronte a me abita una prostituta, una donna ormai sfiorita e bruttina anche, che continua a vestirsi e truccarsi come se avesse dei clienti: un'anima buona, di carattere gioviale, quando la incontro mi fermo sempre a chiacchierare con lei. I miei figli vorrebbero che mi trasferissi, continuano a pregarmi di andare a stare nei quartieri nuovi e attrezzati dove vivono loro ma io sono nato e cresciuto qui e non ho intenzione di spostarmi. Resterò fedele al mio battiscopa, io, tra i rigattieri, le anziane donne di piacere e i drogati, nevvero. Purtroppo mi duole ammettere che di drogati ce ne sono diversi in giro. Li vedo passare e scorgo le loro siringhe abbandonate nelle stradine buie.»

Lo scrittore di Cittavecchia si interruppe un attimo per bere un sorso d'acqua. Aveva la testa completamente calva e lucida che risaltava nella sala dell'antico caffè a confronto del cappello grigio che indossava il Maestro seduto al suo fianco. Le poltrone del locale erano sfondate e i vecchi lampadari illuminavano tristemente i muri ormai scrostati. Le assi cigolanti del pavimento accompagnavano ogni passaggio dell'unico cameriere che si spostava nervoso da un ambiente all'altro.

«Dev'essere interessante questa città per lei. Come disse Churchill: "Una cortina di ferro scende dal Baltico all'Adriatico", nevvero. Dalla Polonia fino a quaggiù: un bel pasticcio europeo. Eh già, la storia la fanno sempre i bravi masticatori di congiuntivi. Cosa ne sanno loro della vita vera? Della prostituta, del drogato, del povero scrittore? Poco, ma decidono le sorti per tutti: una bella responsabilità. Non che i letterati siano meglio: se ci va bene, sanno almeno narrare il proprio tempo... ma devo constatare che c'è soprattutto un grande ciarpame alfabetico, oggi come ieri. Che la storia, quella con la esse maiuscola, sia passata per di qua, sulla testa degli abitanti di questa città, è assodato. Io però ho sempre preferito raccogliere di persona i pezzi per ricostruire un racconto, non è vero?»

Il Maestro accese una sigaretta e aspirò a fondo col suo naso schiacciato. Le storie appassionavano anche lui.

«Giallo e nero. I colori della catastrofe!» riprese lo scrittore di Cittavecchia. «Ancora adesso per me questi due colori abbinati assieme simboleggiano il disordine, lo scompiglio, la guerra. Ero molto piccolo ma io ricordo l'inizio della Grande Guerra. Forse lei non lo sa ma il cadavere di Franz Ferdinand arrivò qui via nave da Sarajevo qualche giorno dopo l'attentato e da qui venne caricato su un treno e portato fino a Vienna. All'epoca lei e io eravamo cittadini dello stesso Stato, la ormai mitologica monarchia austro-ungarica, nevvero.

Giallo e nero, i colori della bandiera imperiale asburgica. Quella mattina era un giorno caldo d'estate, col sole che splendeva nel cielo. Mi svegliarono presto e mi fecero indossare una giacchetta nera di lana. Ricordo che ero infastidito per la brusca levata e per quel vestito che mi faceva sudare. Coi miei genitori andammo sulle rive, qui vicino, non è vero? Mia madre non parlava e mio padre biascicava nervoso tra sé. Lì incontrammo una signora austriaca, amica dei miei, che piangeva tenendo un fazzoletto sulla guancia. C'era un'atmosfera molto strana, tesa, e questo contrastava con l'aria frizzante e il sole estivo.

Dell'arrivo dei feretri dell'arciduca e della moglie non ho ricordi precisi, credo che la memoria sia influenzata dai racconti che continuai a sentire nel tempo. Invece rivedo come fosse adesso tutte quelle bandiere nere e gialle appese alle finestre. Era impressionante l'eleganza di quel segnale di lutto. E i lampioni incappucciati con drappi neri: spaventosi, addobbati per negare la luce. Nei giorni seguenti, nell'animazione che si diffuse in città prima dello scoppio della guerra, il mio nonno paterno, di origini serbe, non osava farsi vedere in giro, mentre l'altro nonno, commerciante ebreo, era in fibrillazione perché non capiva se i suoi affari sarebbero aumentati o diminuiti. Fecero una brutta fine tutti e due negli anni della guerra, non è vero? Io ricordo le discussioni degli adulti nelle strade assolate, con l'odore di pesce e di carbone, e il giallo e il nero alle finestre.»

Il Maestro sorrise e continuò a osservare attento e partecipe il suo interlocutore.

«Cosa vuole? Questa è una città di storielline, leggere, ridicole e brutali. Ma è bello raccontarle se le hai vissute e magari sai usare diverse forme di sintassi come un bravo traduttore. Nel mio primo romanzo la protagonista, una donna dai capelli neri, si presenta con un abito giallo canarino per annunciare di aver ucciso il marito. Nell'ultimo libro, la vista di un mazzetto di viole del pensiero, gialle con le macchie nere, scatena la crisi di un personaggio. Ma sono solo combinazioni, certo.

E lei sta lavorando a uno spettacolo? Ha già deciso il soggetto? Anch'io molti anni fa avrei voluto far mettere in scena un mio testo, nevvero. La storia di uno spettatore, pensi un po'. In cui a un certo punto il protagonista, questo spettatore per l'appunto, faceva l'oroscopo a Gesù Cristo. Lo trova blasfemo? A me venne questo scrupolo e alla fine non se ne fece niente. All'epoca l'idea mi intrigava molto. Mi ero interrogato sul valore religioso della vita, mi ero chiesto se io credessi in qualcosa o no. Poi mi diedi una risposta: io non ci penso mai a Dio, è un problema che non mi sfiora minimamente, e allora come posso dire di crederci?»

Quando l'incontro tra i due vecchi si fu concluso lo scrittore di Cittavecchia salutò il Maestro con queste parole: «Coraggio! Buona fortuna per il suo lavoro teatrale. E sempre in gamba: noi siamo i missionari del tempo andato e i santi degli ultimi giorni, nevvero...».

Pur essendo appena iniziato l'autunno le giornate erano brevi, la luce arrivava infiacchita. Di sera Cristina e Giovanni riaccompagnarono in albergo il Maestro e i suoi compagni. Per loro la giornata era stata lunga.

«Ti va di bere qualcosa?» fece Giovanni rimettendo in moto la macchina.

«Sono distrutta, Gio'. Non ce la faccio. Devo ancora telefonare alla Silani per farle il resoconto della giornata.»

«Come vuoi» il ragazzo accese i fari fendinebbia e si infilò tra i fumi grigi. Cristina gli mise una mano sulla gamba e lo accarezzò. Lui per la prima volta si sentì in imbarazzo, deglutì senza riuscire a voltarsi verso di lei: stava pensando a Esther e per un attimo aveva temuto di essere diventato trasparente ed essere stato scoperto.

«Buonasera professoressa, sono Cristina.»

«Ciao Cristina. Com'è andata oggi? Dimmi tutto, eh.»

Antonella Silani era dispiaciuta di non essere stata presente all'incontro tra il Maestro e lo scrittore di Cittavecchia. Sarebbe stata contenta di presentarli lei di persona. Ma gli impegni all'università erano triplicati da quando l'avevano nominata preside.

«È stata una giornata faticosa ma è andata bene. A San Giovanni il Maestro ha chiesto se possono realizzare per lui un elemento di scena, una specie di macchinario teatrale. Il giro turistico è andato, ma mi sembra che non sia tanto interessato ai posti classici: davanti ai monumenti non presta attenzione mentre quando, ad esempio, camminiamo per le strade si guarda intorno continuamente come a cercare qualcosa.»

«E al Caffè Tommaseo com'è andata? Si sono piaciuti?» quella era la parte del racconto che maggiormente interessava la professoressa.

«Direi proprio di sì. Hanno chiacchierato fitto fitto per un'ora buona. Lui sorrideva, era molto attento.»

«Ma di cosa hanno parlato?»

«Non lo so» rispose Cristina soprappensiero.

«Come non lo sai, scusa?»

«Li abbiamo lasciati da soli. Noialtri eravamo… beh, ci siamo sentiti d'intralcio. Sembrava che avessero tante cose da dirsi» la ragazza balbettava ancora emozionata dall'incontro di cui era stata testimone, ma continuava a pensare ossessivamente all'atteggiamento di Giovanni, negli ultimi giorni le sembrava strano.

«Ah fantastico, così non sappiamo niente!» la professoressa espresse il suo disappunto senza filtri. «Va beh, pace. Altre cose?»

«Ma… gli è piaciuta molto l'osmiza in cui l'abbiamo portato a pranzo, di più rispetto ai ristoranti di pesce. E poi, ah sì: mentre camminavamo in piazza della Borsa abbiamo incrociato quella signora mezza matta, quella che si veste con gonne, cappelli e guanti d'inizio Novecento. È successa una cosa strana: il Maestro l'ha fissata come se l'avesse riconosciuta e le si è avvicinato, forse per chiederle qualcosa. Era ipnotizzato, direi. La donna, che sta sempre per le sue e non parla mai con nessuno, non si è scomposta. Lui l'ha guardata e lei è rimasta lì ferma. Non so bene come dire. Mi è parso che abbiano comunicato senza parlare. Ma forse sto fantasticando.»

«Mmm. E poi?» chiese la professoressa incuriosita.

«E poi niente. Tutto qui.»

I reduci non parlano. Ritornano a piccoli gruppi.
Attraverso la linea del fronte dello spirito.

Che lingua parlano i reduci? A questa domanda è difficile rispondere.

Quello che hanno visto di là lo sanno solo loro.

Assomigliano ancora ai giovani ritratti nella fotografia commemorativa, a quelle reclute in divisa prima della partenza, sorridenti. Quelli dal fronte.

Le foto appese in caserma... I reduci rimpiangono il dormitorio della caserma.

L'esercito è un altro genere umano.

Nebbia. Fumo di sigarette, vapori di un centro termale. Il mondo dei generali, di chi detta gli ordini e dirige le guerre senza sporcarsi le mani. Quelli che fumano, si rilassano, fanno le terme. Nebbia.

I reduci raggiungono la spiaggia adriatica, il punto più a nord del Mediterraneo. La guerra e la morte stonano con il sole e il mare. Questo crea un cambio di campo per gli spettatori, è come un bombardamento emotivo.

Il ritorno è una sconfitta per tutti: per chi ha perso la guerra e per chi ha vinto. Equivale a una ritirata. Il ritorno non è glorioso. È spaesamento. I reduci si sentono codardi.

Personaggi:

il Luogotenente Compulsivo, le Eterne Reclute (in monopattino e con un ombrellone da spiaggia sottobraccio), il Disertore Pentito (che vive in un armadio), il Soldato Seminarista.

La professoressa Silani ci teneva a valorizzare il ruolo dell'università e in particolare della facoltà di Discipline dello Spettacolo.

Per farlo, si era convinta, con una certa ingenuità, che fosse di fondamentale importanza non perdere mai di vista il Maestro durante la sua permanenza in città. Giovanni e Cristina avevano ricevuto indicazioni precise: dovevano assecondare, o meglio ancora, prevedere il gusto dell'artista, proponendogli delle suggestioni da cui lui potesse ispirarsi per creare la sua messinscena. Siccome il Maestro prediligeva i luoghi particolari, quelli pregni di storie secondarie, nascoste, loro avevano l'incarico di vegliare sulla sua visita e di aiutarlo, se possibile, a trovare argomenti utili all'impresa.

L'indomani mattina, all'appuntamento nella hall dell'albergo in cui alloggiavano il Maestro e i suoi collaboratori, Giovanni e Cristina si presentarono visibilmente di malumore. Avevano litigato da quando si erano incontrati: non erano d'accordo sulle tappe da selezionare. Un giro sul tram che porta all'altipiano carsico? No, meglio la Grotta Gigante. Ma forse la Risiera usata dai nazisti per tragici scopi... La discussione poi era fatalmente scivolata sul loro rapporto. Per Giovanni lei non si decideva mai e la loro storia rischiava di appassire ancora prima di sbocciare. Per Cristina lui non era abbastanza coinvolto, distratto da altre cose, forse da altre donne.

Il risultato fu che quando raggiunsero il Maestro e gli altri, i due ragazzi non avevano per niente le idee chiare sul programma della giornata. Esther da dietro i suoi occhi azzurri trasparenti colse la tensione e azzardò: «Possiamo decidere insieme. Diteci il primo posto che vi passa per la testa».

Per Giovanni fu l'ennesimo motivo di fastidio, sbottò: «I cimiteri! Andiamo a passeggiare tra i morti, va bene? C'è solo l'imbarazzo della scelta: cattolici, ebrei, ortodossi, musulmani!».

Rimasero tutti interdetti. La sfuriata del giovane era proprio fuori luogo. Una sola persona alzò il sopracciglio su di lui, visivamente interessato: il Maestro. «Andiamo!» disse con voce profonda e decisa. Gli altri, sempre in silenzio, ora non sapevano più se stupirsi per l'atteggiamento di Giovanni o per l'improvvisa reazione del vecchio.

In automobile l'atmosfera tornò piano alla normalità. Cristina raccontò la storia dei cimiteri urbani che per la varietà di culti e confessioni, di nazionalità e di biografia dei morti, rappresentavano un ottimo esempio dell'anima multietnica della città.

L'area del campo santo si presentò ai loro occhi come un altro mondo. Dietro ai cancelli dell'ingresso sorgeva una specie di paesaggio spettrale, un'enorme nube bianca di nebbia spezzata di tanto in tanto dall'ombra scura di un cipresso che ne usciva a fatica e, in fondo, l'aureola volante di una superstrada che sembrava l'anello di un pianeta precipitato. Nel momento di varcare la soglia deserta del cimitero principale, Cristina, Giovanni, Esther e perfino Girometti si sentirono turbati e persi.

Su invito del Maestro, chiesero informazioni al custode riguardo al cimitero militare. L'omino concluse così la spiegazione: «Infine ci sono i due piccoli cimiteri che raccolgono i resti dei caduti austro-ungarici. Entrambi sul Carso, uno ad Aurisina e l'altro a Prosecco. Due tappe nella storia della Grande guerra».

Il Maestro era proprio lì che voleva andare: la notizia dei cimiteri militari sembrava renderlo impaziente e ansioso. «Tempo ideale, questo, per visitare i cimiteri!» ironizzò spocchioso Girometti. Ma nessuno commentò la sua osservazione: l'atmosfera del gruppo, quel giorno, continuava a non essere delle migliori.

Appena uscita dall'autostrada, la Lancia Prisma di Giovanni raggiunse subito il prato di Aurisina in cui si trovava il primo dei due cimiteri. In fondo a una dolina si ergevano le piccole lapidi, una uguale all'altra. Il Maestro cominciò a passarle in rassegna tutte. Ogni tanto si sporgeva verso terra per leggere meglio un nome che non si distingueva. Esther lo seguiva premurosa e lo sorreggeva quando il vecchio sembrava perdere l'equilibrio.

Cristina e Giovanni rimasero vicino alla macchina a fumare, dandosi le spalle, ognuno rivolto verso il suo orizzonte. Girometti, seduto al posto di guida, ascoltava la radio girando le stazioni e imprecando ogni volta che capitava un programma in una lingua slava.

Si spostarono poi a Prosecco il cui cimitero conservava un numero maggiore di spoglie: soldati dell'esercito austro-ungarico che portavano i cognomi di mezza Europa. Questa volta salirono tutti su per i gradini e percorsero il grande viale in direzione delle tombe. Il Maestro riprese anche lì la sua minuziosa ricerca senza dare spiegazioni e Giovanni, frustrato e sempre più teso, cominciò a calciare i sassolini che gli capitavano a tiro.

Quando il minuzioso giro a vuoto del cimitero ebbe fine, Giovanni si rivolse al Maestro tuonando: «Posso chiederle cosa ha trovato? Ah giusto: lei non risponde, non parla mai. E cosa cercava? Non lo sa, vero? Perché non cerca niente, in realtà lei ci sta solo facendo perdere tempo!». Cristina gli si avvicinò sconvolta ma lui la respinse con lo sguardo e con un gesto del braccio.

«Che cosa cerca in un campo santo d'inizio secolo? Ce lo vuole dire? L'anima della nostra città non è certo qui, nelle memorie asburgiche, glielo assicuro. Sta da tutt'altra parte! Voi avrete anche inventato il primo papa che viene dal comunismo ma noi qui viviamo su un confine ancora incandescente. A Berlino c'è un muro di cui parlano tutti, e Gorizia invece? Nel resto d'Italia è comodo non parlarne, lei lavora a Milano: cosa ne sanno a Milano di quello che succede qui?» E con un'occhiataccia freddò Girometti che gli era stato subito antipatico a pelle. Poi continuò in direzione del vecchio. «Sa cosa è successo a mia zia Luciana appena qualche anno fa?»

Cristina si riprese dallo sgomento. «Gio', per piacere, finiscila.» La ragazza non voleva che il suo amico si rendesse ridicolo.

«Perché?» riprese lui sempre più infervorato guardandola negli occhi. «Cosa c'è? Non è venuto qui per conoscere le nostre storie?»

Poi tornò a voltarsi verso il Maestro che lo osservava tranquillo con la solita espressione imperturbabile. «Mia zia era andata a camminare sul Carso, in un boschetto poco lontano da qui. Era andata a raccogliere funghi, una cosa che faceva ogni autunno, da tutta la vita. Ma la sera di quel giorno non è tornata a casa e così sono scattate le ricerche. L'hanno trovata all'alba la zia Luciana, nella boscaglia, a terra, stecchita, con un colpo di mitra nel petto. Aveva inavvertitamente superato il confine, hanno detto a mia madre. I soldati iugoslavi l'hanno fatta fuori senza neanche controllare che si trattasse di una persona disarmata che cercava funghi. Qui intorno corre il confine, dappertutto! Siamo circondati da militari col mitra, clandestini che cercano di oltrepassare, traffici illegali di ogni sorta. Altroché lapidi commemorative della prima guerra!»

Le vene del collo gli si erano ingrossate. Lo sguardo era diventato rosso a causa di una rete di capillari che prima non c'era. Giovanni appoggiò le mani sui ginocchi, si piegò in avanti come per riprendere fiato, si calmò. Pensò a una sola cosa: quella reazione che non sapeva spiegarsi era tutta colpa della nebbia, di un'umidità particolare a cui non era abituato e che lo stava facendo impazzire.

La scena ebbe un epilogo teatrale. Nel silenzio del viale alberato e delle file di lapidi disseminate a intervalli regolari, il Maestro si avvicinò a Giovanni e gli mise una mano sulla spalla. Il ragazzo non se l'aspettava, fu sopraffatto dalle emozioni e si mise a piangere. Gli altri non commentarono.

Il giro in auto riprese e se da una parte il fatto di trovarsi tutti insieme in uno spazio ristretto costringeva quegli umori a sopportarsi e a convivere, dall'altra il cambio di ambientazione predisponeva a un momento nuovo, atteso e necessario. Su richiesta del vecchio, passarono nelle strade che dalla stazione portano verso il canale e piazza Ponterosso. Ai vetri dei finestrini sfilavano decine di corriere provenienti dai paesi balcanici da cui salivano e scendevano persone di ogni età come formiche su un prato; altra gente usciva dai negozi di abbigliamento alla buona trasportando borse cariche di jeans di taglie diverse; l'animazione continuava alle bancarelle vicine al canale: traffici, negoziazioni, buste di nylon azzurre.

Il Maestro seguì con lo sguardo una bambina ancora piccola che trascinava con sé una bambola, grande quasi quanto lei, che le era appena stata comprata. Non era un bel giocattolo, aveva dei capelli grossi come spaghi e due occhi sporgenti e innaturali, ma la piccola la stringeva con una devozione commovente.

«I jeans, i vestiti e anche quelle bambole» spiegò Cristina, «sono delle sottomarche, prodotti scadenti e a buon mercato fatti esclusivamente per questi visitatori d'oltre confine che arrivano di continuo da noi, dopo un viaggio in corriera che spesso dura molte ore, spendono i loro soldi e ripartono poco dopo, felici per la loro spesa che a noi fa schifo.»

Ma il Maestro conosceva già quel genere di storie.

La città dei vivi e dei morti.

Un posto di frontiera, da cui si parte o in cui si arriva: non ci si può stare tanto per stare.

Una città tagliata a metà. Città degli uomini liberi e di quelli reclusi in un parco.

Città per le persone prelevate dalla vita.

Una città divisa in due. Parte della gente si muove tra vie, piazze e lungomare all'aria aperta, l'altra parte invece nella nebbia tra nascondigli e angoli oscuri.

Approdo, rifugio, città-raccoglitore.

La "macchina per ritornare" consente l'accesso in città. È una specie di carriola con due ante che la chiudono: le ante servono per non rivelare subito il contenuto del trasporto. In questo modo i reduci possono arrivare senza essere scoperti.

La città porta il nome di un divieto. Il nome di un punto geografico in cui è meglio non passare perché lì si complicano le cose. È un incidente, una vana promessa, un posto a cui i sopravvissuti sono condannati.

Essa è un porto di mare, un asilo, la meta di chi sopravvive. Non è sempre materna, è brusca di natura e, a volte, si dice che picchi e molesti coloro che la attraversano con un'enorme e spaventosa frusta invisibile e sibilante che, per suscitare meno orrore, viene chiamata vento.

Non concilia ma accoglie, incamera, è città di mare, e come le città di mare i suoi abitanti li rende viaggiatori.

Essa è un'illustrazione senza testo nel libro dell'infanzia.

«Professoressa buongiorno, sono Esther.»

Antonella Silani si passò la cornetta del telefono all'orecchio sinistro, tolse con un gesto automatico il grosso orecchino che le pendeva sulla mascella destra e riprese l'apparecchio sull'orecchio liberato. «Buongiorno Esther, mi dica pure.»

La voce della ragazza polacca arrivava lieve e monotona. «Volevo raccontarle... Il Maestro ha una proposta di spettacolo.»

«Proposta? In che senso?» domandò la professoressa passando dalla soddisfazione al dubbio.

«Adesso è ancora una proposta» aggiunse Esther. «Ma c'è l'argomento della pièce.»

«Bene! Mi fa piacere. E qual è l'argomento?»

La ragazza fece una piccola pausa, poi disse con un fiato: «I reduci».

Antonella Silani avrebbe voluto rispondere ma qualcosa la trattenne: la sua interlocutrice sceglieva con cura le parole e lei pensò che non fosse giusto investirla con la sua mania di riempire i vuoti.

«La pièce parla dei reduci, soldati che tornano a casa dal fronte. Reduci della prima guerra mondiale e anche della seconda guerra mondiale. Di tutte le guerre. Parla di tutti quelli che vanno a combattere, spesso costretti a farlo, e poi quando tutto è finito devono tornare da qualche parte. In scena ci saranno dei monopattini, delle biciclette, una specie di carriola che è la macchina per ritornare, quasi un giocattolo. Ruote, tante ruote.» Esther ripensò alle parole del Maestro. «Le ruote sono il ritorno... Questi soldati hanno il piacere infantile di costruire giochi, di correre, di usare armi di plastica. Sono dei bambini mai cresciuti. In scena ci sarà anche un grande armadio in cui è nascosto un disertore.»

La professoressa ascoltò tutto quel discorso affascinante ma non riuscì a trattenersi dal domandare: «E come si intitola lo spettacolo? Dove pensavate di farlo? In teatro?».

«Non c'è un titolo. Per la verità ancora non è uno spettacolo. Il posto? No, non è deciso. Sarebbe bello scegliere un posto non propriamente teatrale: così piace al Maestro. Questa è una proposta.»

Dal salotto del suo appartamento circondato dai grandi alberi dell'altipiano, Antonella Silani emise un piccolo soffio con la bocca che arrivò quasi subito dopo alla cornetta di Esther. Perché era così difficile far lavorare quell'uomo? Perché era tanto difficile riuscire ad avere uno spettacolo meno provinciale del solito? In che cosa aveva sbagliato? Sulla carta quello era un progetto vincente.

Quando, poco dopo, Esther riagganciò il telefono nella hall dell'albergo, si accorse che Giovanni stava lì dietro di lei. Dall'espressione sul viso del ragazzo capì che lui l'aveva ascoltata e si era ben immaginato la conversazione con la sua professoressa. Esther gli sorrise, come a dirgli che le cose erano aggiustabili, che non si preoccupasse.

«Il monopattino e l'armadio sono i due oggetti principali. Per il Maestro gli oggetti parlano più degli attori» Esther continuò a raccontare a Giovanni sedendosi su un divanetto. «Ci sarà una marcia simile a una danza eseguita dagli stivali dei soldati. Corpi avvolti in sacchi neri che si riveleranno poco a poco. I reduci hanno voglia di ritornare ma hanno anche paura di come saranno accolti.» La ragazza polacca stava già illustrando l'idea di spettacolo ai futuri interpreti. «Il ritorno a casa è il viaggio di una vita. Questi soldati, o quella compagnia drammatica ambulante di interpreti, andranno dietro a lui, all'incantatore di serpenti, al pifferaio di Hamelin.»

Giovanni la ascoltava attento. Stringeva in una mano l'ombrello: non che fuori il tempo obbligasse a coprirsi, c'era sempre l'insolita nebbia degli ultimi giorni, ma lui si era convinto che se avesse preso con sé l'ombrello finalmente si sarebbe deciso a piovere davvero. E poi avrebbe soffiato il vento.

Gli occhi azzurri di Esther si velarono di lacrime. «Sempre che lui ce la faccia...»

La ragazza aveva perso la sua compostezza e Giovanni d'istinto le appoggiò un braccio sulla spalla.

Giovanni si sentiva bene e male nello stesso tempo. Non sapendo come reagire la tenne a sé ma le domandò: «Perché? Il Maestro sta male? Hai paura che non riesca più a lavorare?».

Di colpo quello strano incanto si infranse. Esther si ritirò sulla sua poltrona e lo guardò come se avesse udito una bestemmia. Giovanni era sorpreso, deluso per la reazione della ragazza, spiazzato. Lei disse: «Sono in ansia per lui. La moglie del Maestro è morta sei mesi fa e lui non sembra darsi pace».

In quel momento la hall dell'albergo si riempì della voce rumorosa e violenta di Girometti. Subito l'uomo comparve e insieme a lui arrivava lento anche il Maestro. Esther e Giovanni si alzarono dal divano.

«Miei cari» esordì il milanese con tono baldanzoso, «vi comunico che oggi la nostra ricerca del luogo che sarà la sede della futura opera si conclude: domani siamo attesi a Milano per un impegno del Maestro.» Girometti notò l'aria turbata dei due giovani. «Su, niente musi lunghi: sono certo che il giro di oggi sarà fruttuoso. Ma direi che il manicomio può già fare al caso nostro, al Maestro è piaciuto molto. E poi, diciamocelo no? Il soggiorno in città è durato fin troppo...» E rivolto a Giovanni, con un sorriso da carnefice: «Speravamo di assaggiare il famoso vento di cui tanto si parla e che noi non abbiamo mai sperimentato, ma sembra che il tempo non voglia proprio cambiare».

Sulla soglia dell'albergo apparve Cristina che era rimasta ad aspettare nella Lancia Prisma, posteggiata in doppia fila, per più di mezz'ora. Subito colse una tensione e un legame nuovo tra Giovanni e la polacca bionda e durante il tragitto in macchina rimase in silenzio pensierosa.

L'ultimo posto in cui portare gli ospiti per il sopralluogo era stato scelto da Giovanni. Un amico del padre, ex alpino, gli aveva parlato di un rifugio antiaereo costruito dall'esercito tedesco durante la seconda guerra mondiale: una serie di gallerie e spazi sotterranei che si estendeva intorno al tribunale, un cunicolo di ricoveri militari e civili nascosti agli occhi di tutti sotto il manto stradale.

L'appuntamento con il vecchio alpino era davanti alla sede della televisione di stato. Attraversarono la strada e si trovarono davanti a un lungo muro in pietra che sosteneva un colle da cui svettavano, molto più in alto sopra alle loro teste, le case di una zona residenziale. Sul marciapiede macchine posteggiate, un distributore di benzina e tre ragazzi magrissimi che armeggiavano su una panchina. Cristina era abituata a vedere i drogati in giro ma continuava a non sopportarli: preferì voltare lo sguardo verso i suoi compagni e così intercettò di nuovo qualcosa tra Esther e Giovanni. L'alpino si fermò davanti all'ingresso di una grotta, era quella l'entrata al rifugio bellico. «Kleine Berlin...» disse l'uomo, «Che nome romantico, vero? Sembra l'invito per una visita speciale...»

E invece, superato il cancello che introduceva nel grande buco nel muro, si ritrovarono nelle fogne.

«Fa troppo freddo! Io me ne torno fuori» si lamentò dopo un po' Girometti. «In ogni caso qui di sicuro non è possibile fare il nostro lavoro.» L'uomo fu zittito da Esther che aveva notato qualcosa nello sguardo e nell'andatura del Maestro. Fece segno al milanese di raggiungere pure l'uscita: gli altri sarebbero restati lì, al seguito del vecchio alpino.

Quel freddo nelle ossa era familiare. Gli occhi dei visitatori cominciavano ad abituarsi alla galleria tenebrosa. Il tempo cambiava le misure, dilatava la percezione.

Il rifugio antiaereo era perfetto. Il Maestro lo sapeva. Anche lì si erano rincorse dure voci tedesche, le torce elettriche avevano lampeggiato su spettrali scene polverose, il terrore aveva viaggiato sulla punta di stivali sfondati. L'alpino indicava, sopra una volta, il segno perimetrale di un pozzo: da lì scendeva una scala a chiocciola per permettere al comandante delle SS di passare dal palazzo di giustizia alla sua abitazione senza essere visto.

«Non so davvero se daranno mai il permesso per portare qui degli spettatori» rispondeva il custode a Giovanni e Cristina ma il Maestro era riemerso nell'umidità esterna con un dolce affanno e una smorfia inequivocabile dipinta sulla bocca.

Quanto era bello giocare alla guerra! I reduci ritrovano il piacere infantile di costruire giocattoli. Nelle loro mani le armi non possono essere che giocattoli.

Essi sono tutti al telefono, ognuno attaccato al suo apparecchio. Stanno in una sorta di téléboutique, una sala piena di cabine: il posto in cui chiamare casa, dove tentare un contatto con i propri simili.

Il Luogotenente Compulsivo impartisce ordini a chi gli sta intorno e anche al telefono. Mastica, sbraita, si sbraccia. Nuove trincee devono essere scavate, altri uomini devono andare in perlustrazione. Ma essenziale è che egli non si macchi i guanti, che la visiera del suo elmo sia liberata da qualsiasi residuo di polvere.

Le Eterne Reclute hanno appoggiato i monopattini al muro. Essi marciano come eseguendo una danza sincopata e minacciosa. I loro stivali battono il tempo sui sentieri del Carso e sul legno del salone dei telefoni. Hanno capito che alla guerra non si gioca. Che, se ti colpiscono, il sangue sgorga davvero e i lamenti diventano inevitabili e infine il cuore si ferma.

Il Soldato Seminarista sorride ai compagni. Cerca di infondere fiducia e solidarietà. Ma ad ogni campanile che incrocia nelle fredde campagne steppose il suo pensiero vola al caldo e al silenzio della cella dei gesuiti. Pregare chiusi tra le pietre di una chiesa è più facile e più piacevole che andare incontro a quella morte che nelle orazioni si considera beata.

Dall'armadio si ode un lamento: il Disertore Pentito teme di essere scoperto.

Si alza uno stivale, poi un secondo, un terzo e un quarto... I reduci si muovono leggeri e artificiali come marionette, agitano gli ombrelloni da mare come farebbero con i fucili.

La nebbia rendeva le strade ancora più deserte. Se della gente c'era, da qualche parte, sicuramente stava ben nascosta, rintanata in periferia. Tornando all'albergo, vicino alle rive, nel centro nevralgico della città, la sensazione di trovarsi in uno spazio inanimato, sospetto, ormai abbandonato dall'uomo, invase anche Cristina e Giovanni. Loro erano abituati a non vedere in giro i giovani, abituati a contare come fossero degli alieni i pochi avventori che di sera attraversavano le strade: ora il velo di umidità aveva cancellato le ultime forme di vita urbana. Se la loro città aveva dei lati oscuri e inspiegabili, in questi tre giorni era riuscita a mostrarli alla perfezione. Sembrava essersi sforzata apposta per esibire la sua faccia più ostile. Lo scrittore di Cittavecchia avrebbe detto che così si comportano le città-personaggio.

Era l'ora di pranzo e l'oscurità stava appesa nell'aria come i festoni di un carnevale. La professoressa Silani aveva raggiunto Esther e Girometti in albergo e ora stavano parlando animatamente.

«Perché proprio la seconda guerra mondiale?» domandava nervosa la preside sistemandosi meglio sul divano della grande sala d'aspetto. «Si tratta di una ferita non del tutto rimarginata, qui siamo in una zona calda dell'Europa, laggiù c'è il confine con un altro mondo, eh. Preferisco di gran lunga un discorso più ampio sulla guerra. Scegliere il bunker antiaereo dei tedeschi significa sfidare senza mezze misure l'opinione pubblica, gli storici, la comunità internazionale. Io non me la sento.»

Il nervosismo della donna veniva aizzato, inconsapevolmente, dall'imprenditore milanese che continuava a interromperla per rassicurarla, ridimensionando le sue legittime osservazioni che tenevano conto del clima da guerra fredda che continuava a respirarsi in città.

«Non si preoccupi» intervenne tranquilla Esther. I suoi occhi azzurri trasparenti fissarono quelli di Antonella Silani con sicurezza. «L'opera del Maestro non vuole stravolgere gli equilibri né imbarazzare nessuno. La guerra, i rifugi antiaerei, l'arte costretta sotto terra sono temi che appartengono da sempre alla sua creazione. La visita nel bunker ha fatto solo completare il cerchio. Nel suo lavoro lui parlerà di costruzione e di distruzione. La distruzione è più vicina, rispetto alla costruzione, a quella che lui considera la verità. La guerra distrugge la realtà a tal punto da costringere l'uomo a cercarne un'altra, altrove.»

La ragazza ripeteva delle frasi imparate a memoria. Sembrava tenere davanti a sé il quaderno di appunti del vecchio e leggere le frasi che lui aveva scritto. «Morte, passato, memoria. Non devono spaventare queste tre parole. Perché lui sa farle vivere in scena, sa come raccontarle a tutti con il suo linguaggio poetico e visivo.» Anche Girometti aveva smesso per un po' di sbraitare. L'attenzione era concentrata sulla giovane polacca bionda. «I reduci di tutte le guerre ritornano, marciano stanchi come danzando, cercano un asilo, un ricovero, un posto per riposare gli occhi dopo quello che hanno visto, un angolo in cui nascondere le mani dopo quello che hanno fatto. Un buco in cui tornare all'infanzia. Lo spettacolo s'intitolerà *Asylum Promenade*.»

Nella saletta a fianco, quasi un passaggio tra la hall e lo scalone che portava alle camere, Giovanni aspettava nervoso che i tre finissero di discutere. Da solo, in quella piccola camera poco illuminata, pensava e rimuginava sugli eventi degli ultimi giorni. Cristina gli sembrava ostile, indecisa, se lo voleva doveva darsi una mossa, non si poteva restare in attesa in eterno.

Un fruscio entrò nella saletta. Giovanni trasalì e ci mise un po', nella penombra, a mettere a fuoco la scena. Il Maestro stava davanti alla finestra e guardava fuori sulla strada. Aveva le spalle curve e il respiro affaticato. Non si era accorto ci fosse qualcuno nella stanza, sembrava in cerca di qualcosa nella nebbia che si spalmava ancora sui vetri. Giovanni provava un misto di fastidio e di curiosità verso quell'essere ossuto e taciturno che tutti consideravano un genio.

Il ragazzo stava per schiarirsi la voce e parlargli quando il vecchio emise una specie di verso di sorpresa, appoggiò con ansia le mani alla finestra e, dopo un attimo di indecisione, lasciò rapido la stanza dirigendosi prima alla porta girevole e poi fuori sulla strada. Accadde tutto all'improvviso e Giovanni ci mise qualche istante a capire la situazione. Riemerse alla realtà e alla luce uscendo anche lui dalla saletta. Del Maestro non c'era più traccia, aveva lasciato l'albergo, sul marciapiede non si vedeva nessuno. Nella fretta di uscire aveva perso un quaderno di appunti. Giovanni lo raccolse da terra: era ciò che restava del vecchio.

Nell'altra sala grande, all'oscuro di tutto, si continuava a disquisire di progetti teatrali. Giovanni fece un cenno a Esther e poi le disse: «Puoi venire un attimo?». La professoressa Silani, travolta da una discussione con Girometti, lanciò un'occhiataccia al suo studente come a dirgli: con te facciamo i conti dopo.

«Se n'è andato» disse subito Giovanni alla ragazza.

«Come?» rispose lei e afferrò il quaderno del vecchio che le veniva porto invece di una spiegazione. «Ma dov'è? Dov'è?» domandò confusa.

Il passato è il tempo perfetto. Vigile e ben ancorato dentro all'anima. Esso è materia ideale per dar vita al mistero teatrale. Quel mistero che allestiamo sforzandoci di guardare più in là, dall'altra parte, nel mondo delle ombre.

L'obiettivo è fabbricare un'opera illusoria, dal potere immenso. Dalla forza dirompente del sogno che è un messaggio di morte. Qualcosa che parli della verità evitando di essere reale. L'intrusione della realtà nell'opera d'arte è un errore. Perché l'abbiamo permesso?

O qui si trova una soluzione immaginifica oppure è meglio addormentarsi sulle questioni scomode.

L'odore di mare si era fuso alla perfezione con i vapori acquei. La salsedine si posò sul volto raggrinzito del Maestro avvolgendo il naso, le palpebre, la fronte e le guance cadenti. Quando il vecchio poté di nuovo mettere a fuoco le immagini, scoprì di trovarsi su un marciapiede lucido e i bagliori di un lampione gli indicavano che pochi metri più in là iniziava il mare.

Un'ombra familiare ricomparve, a distanza, nel suo raggio visivo. Era l'ombra che gli aveva fatto abbandonare l'albergo e i suoi collaboratori senza neanche avvertire. Il Maestro le andò dietro: aveva riconosciuto in quelle forme la donna stravagante che girava per le piazze di quella città indossando ricercati abiti d'inizio secolo. Gli avevano raccontato che la signora cambiava abbigliamento ogni giorno e si trattava sempre di vestiti démodé, eccentrici, leggendari, un cappello con la veletta e un ombrellino, guanti lunghi e mantella; si diceva vivesse in un albergo e che il suo appartamento fosse stipato di abiti e accessori incredibili. Lui l'aveva incrociata solo una volta, di sfuggita, ma lo sguardo della donna lo aveva stregato.

Il vecchio si ritrovò circondato dalla nebbia. I lampioni erano così lontani, così ovattati dall'umidità che la luce gialla arrivava sbiadita, tutt'intorno si vedeva solo in bianco e nero.

«Mój synku...» una voce gli si rivolse. Il Maestro trasalì. Era la voce di uomo. Una voce dal dimenticatoio.

«Mój synku... Figlio mio... Fermati! Dove vai? Sono qui. Mi hai trovato.»

Il vecchio tremava di paura e di emozione. Vicino a lui c'era un uomo, all'incirca della sua stessa età, molto simile a lui nei caratteri del volto. Poteva ricordare quel ritratto che sua madre aveva conservato per tutta la vita. Ma faceva troppo scuro per distinguere davvero le cose. E quella figura al suo fianco era uno schizzo sulla carta velina.

«C'è un tempo per cercare e un tempo per perdere. Mój synku... Un tempo per tacere e uno per parlare. Ne è passato di tempo, eh? Avrai forse cominciato a sospettare che io non fossi mai esistito. La leggenda del padre. Che brutto scherzo.»

Il Maestro cercò a tentoni una panchina o un muretto su cui sedersi. Temeva di perdere i sensi. Ma la nebbia era troppo fitta per trovare qualcosa, era così fitta che a un tratto gli parve che quell'enorme nube di umidità lo avrebbe potuto sostenere, sarebbe stata il suo sgabello.

«I miei mancati ritorni» la voce del padre riprese a suonare come arrivasse da un vecchio grammofono o da una radio a onde corte. «Il primo ritorno fu alla fine della Grande Guerra. In quelle situazioni si fanno cose che normalmente non faresti: le fai perché potresti morire l'indomani. Quella guerra l'ho combattuta vedendo uno a uno i miei nemici, sentendone il respiro, annusando la diversa sfumatura di paura che ciascuno si portava addosso come un profumo. A volte non capivo cosa mi dicevano, altre volte lo capivo e allora era peggio: è orribile uccidere qualcuno che ti parla.

"Papà non ritorna al villaggio" questo ti ha detto tua madre. Non sarei tornato nella grande piazza, né dalla parte della vecchia chiesa col suo cimitero alberato, né dalla parte della sinagoga e delle viuzze anguste. Non ero tornato nel nostro paesino ma stavo in città. Una volta ci siete venuti in città, in visita ai parenti, a casa della cugina pianista, e lì c'ero anch'io. Non mi hai riconosciuto? Tua madre non ti ha raccontato di me?»

La voce fece una pausa, si udì per un attimo il verso di un uccello in volo. «Molti anni dopo, l'altra guerra… quella che hai conosciuto anche tu, figlio mio, quella che ti ha sconvolto e ispirato, quella dell'occupazione: allora il pericolo è tornato a sedersi sulla mia pancia. Notizie lugubri ti parlavano di me. Lo hanno internato, è stato deportato. Ma poi…

Poi sono arrivato qui. Disperso nella prima guerra. Ricoverato a causa della seconda. Morto. O solo fuggito per seguire un amore in capo al mondo. Ho sempre camminato molto, ho sempre vagato. Da che ho memoria andavo a piedi tra i boschi.

Sono qui e adesso c'è un altro genere di guerra, più subdola e sfocata delle precedenti ma comunque spietata. Sono qui ma non si può mai dire: il giorno di poi le cose cambiano.»

Giovanni ed Esther si precipitarono fuori dall'albergo e cominciarono a girare nelle strade adiacenti in cerca del Maestro. Verso il mare: forse si sarà spinto sul molo che lo aveva affascinato il primo giorno. Nella grande piazza: potrebbe aver avuto voglia di perlustrare meglio la zona. In un caffè? In libreria? I due ragazzi brancolavano nel buio e si perdevano sempre più nelle coltri di umido stagnante che aleggiava come cotone sfilacciato appeso tra i palazzi, i lampioni e le poche macchine in giro.

«Perché proprio in questa città?» al vecchio parve che la voce si facesse più dolce. «Lo sapevi che i bambini di questa città aspettano San Nicolò, proprio come i nostri? Beh, cosa vuoi, il mio spirito d'infanzia si è sentito a casa. Un posto così insolito, stretto in una striscia di terra tra la roccia e il mare, nel punto più a nord del mare più amato. Da qualsiasi parte ci arrivi, quest'angolo diventa un approdo. E forse è un luogo sano, dopotutto: il rifugio qui non giace all'ombra di una chiesa o di una sinagoga, c'è una mentalità diversa, credimi. Vuoi un esempio? Parliamo di qualcosa che conosciamo entrambi: le nostre guerre sono lo strazio tra gelo e miseria, da noi non si vorrebbe neanche far ritorno a casa quando il pericolo è cessato, ma continuare a scappare. Qui invece la gente cerca il sole tutto l'anno e continua ad andare al mare mentre le nazioni d'Europa si dichiarano guerra. Noi veniamo da un'altra solitudine.»

La nebbia era un tutt'uno con l'odore di salsedine, faceva percepire il mare che però non si vedeva, nascosto dai vapori palpabili e bagnati.

«Mentre aspettavi San Nicolò, figlio mio, giocavi seduto sul tappeto. Era fredda quella nostra casa. Nelle scatole delle scarpe ricostruivi le tue scene: un piccolo presepe dagli innumerevoli dettagli, il vagone di un treno con i personaggi seduti. Uno spago teneva unite le scatole che facevi scorrere dentro a uno scatolone dandoci l'idea di essere a teatro. Lo spettacolo era assicurato già quella volta, una sequenza via l'altra. Ipnotico come i cavalletti da pittore che avresti messo in scena anni dopo.»

Esther piangeva calde lacrime e guardava in basso. Giovanni la osservava dispiaciuto.

La ragazza si asciugò il viso. «Ho ripensato al Maestro. Una volta, in Spagna, siamo entrati in una chiesa bellissima per visitarla. E con grande sorpresa abbiamo udito un canto nella nostra lingua. Era un canto dei montanari che salutavano il papa. Il Maestro si era commosso, era rimasto lì impietrito e con gli occhi rossi, come rapito da quella musica. Dove sarà? E se gli fosse accaduto qualcosa?»

Le pupille del Maestro si velarono: che cosa l'aveva spinto veramente fino a quella città? Il progetto di un lavoro teatrale o qualcos'altro? In un posto così diverso da casa propria si può provare un sentimento che ci riporta all'infanzia? Quell'aria grigia e misteriosa era malsana e terribilmente familiare.

«Questa densità è un incubo, lo so» riprese la voce del fantasma. «Ma tu non smettere di cercare di trasformarla in opera d'arte. Solo in sogno si può immaginare che sia possibile concentrare lo spazio, delimitarlo in una scena grande come una scatola di scarpe.»

Le parole dalla nebbia ricordavano al Maestro i grandi discorsi degli adulti, quelli fatti tra l'odore penetrante del vino, a lume di candela. Questo pensiero strideva con una ferma convinzione che lo accompagnava da sempre: la vita privata non avrebbe mai influenzato la sua arte.

«La vita è un viaggio senza fine, figlio mio, ma la vecchiaia pone dei limiti, è il medico più ascoltato la vecchiaia. Al bello e alla gioventù si fanno promesse su promesse, alla vecchiaia invece si obbedisce.»

Il Maestro si sentì affaticato, svuotato. Quel fantasma di famiglia che intenzioni aveva?

La voce era più flebile, si confondeva ormai con le grida dei gabbiani. «In scena tu e i tuoi personaggi vi giocate la vita. È importante ciò che fate. Ma non dimenticare che la morte è una parte della vita, non il suo contrario.»

In riva al mare, nei coni d'ombra che i lampioni non potevano raggiungere, nelle maglie della nebbia fitta, il Maestro respirava la vaghezza del non so che. Aveva l'affanno, si agitava.

Il Maestro vide per l'ultima volta il fantasma: era la sua immagine fedele che lo fissava, un vecchio che guarda un altro vecchio. Il filo di voce si spegneva. «Il riflesso nello specchio contiene talmente tante meraviglie che non bisognerebbe tentare di oltrepassarlo.» Nuovi rumori disturbavano l'ascolto. «Riguardo alla storia di Erode, figlio mio. Sai già come andarono le cose.»

Nell'oscurità ovattata il Maestro allungò le mani in cerca di qualcosa, come un bambino che vuole ancora un po' di marmellata; afferrò un abito, una lunga mantella: la signora che vestiva con la moda del primo Novecento era stupita e seccata, borbottò una frase.

Dal cotone delle brume apparvero Esther e Giovanni, stravolti: avevano seguito un suono misterioso, una specie di coro a bocca chiusa, e avevano raggiunto la riva. Davanti a loro stava il Maestro, seduto accasciato su una bitta, ansimante. Tutt'intorno solo nebbia e il ricordo dei versi degli uccelli. I due ragazzi soccorsero il vecchio, rannicchiato su se stesso, tremante.

Rumore di stivali che marciano. Negli specchi rotti, riflessi di stivali minacciosi. Come l'addensamento di un formicaio. Gli spettatori devono provare inquietudine nei momenti di minaccia militare, intervallata a calma quando i passi sembrano quelli di una dan-

za, di innocui giochi di bambini con il monopattino. Gli spettatori devono temere di venir coinvolti, di attraversare la soglia del visibile e di finire in scena. I corridoi del sottosuolo sono stretti e gli attori sono vicini agli spettatori, li sfiorano, danno l'impressione di essere quadri di una galleria d'arte appesi troppo vicino.

Dal grande armadio si ode un lamento: è il Disertore a cui i Reduci vogliono comprare i ricordi. Egli tenta di resistere, di ribellarsi, ma gli altri lo trascinano tra i cunicoli sotterranei. Come un gioco da bambini, vogliono scavare una grotta per nascondere un tesoro, segreti e ricordi. Tra coreografia e scenografia, i Reduci si muovono lenti, uomini lenti che vanno tutti da una parte, come dentro a un formicaio, non c'è cosa spaventosa quanto delle persone che seguono tutte un punto preciso.

Lo spettacolo non sarà un prodotto finito: è un campo aperto in cui i Reduci continuano la loro battaglia. Aggrappati tristi agli apparecchi telefonici, vogliono chiamare casa, parlare coi familiari, coi loro simili, coi vivi. Sarà una seduta spiritica, un contatto impossibile e struggente tra vivi e morti. L'evocazione di anime mal lavate che si muovono nello sporco dei bassifondi.

Il nemico fa un inchino, saluta. Il carro armato è un carrozzone. Qualcosa che gira e macina e si sposta ma rimane sempre uguale. Una storia ripetuta, imparata male, modificata, tagliata, che alla fine torna al punto di partenza. Una tragedia sferica. Perfetta nel suo essere spietata.

La mattina seguente, alla biglietteria della stazione dei treni, erano solo la professoressa Silani e il signor Girometti a parlare. Lui rassicurava sul fatto che si sarebbero sentiti presto per procedere col progetto, lei ripeteva che avrebbe chiarito alcuni punti col teatro stabile cittadino. Ma il sesto senso della donna dai capelli cotonati le annunciava che quello spettacolo non si sarebbe mai fatto. Aveva perso, l'occasione era andata. Ma che cosa aveva fatto? Anziché concentrarsi su questioni culturali e artistiche, aveva badato solo ad aspetti secondari. I suoi nemici all'università avrebbero potuto approfittare di quella vicenda mal gestita e fargliela pagare.

Dai bagni pubblici entravano e uscivano frotte di gente sospettosa con le borse di nylon piene di jeans, di vestiti e di bambole bionde. Sfioravano appena gli abitanti della città che prendevano il treno per lavoro ogni mattina.

Al binario i tre ospiti salirono in fretta sul treno. La professoressa si mise a parlare con Cristina tornando verso il piazzale esterno e Giovanni rimase un po' indietro, da solo. La sua attenzione era stata catturata da una bambina, piccola, che assomigliava a quelle strane bambole in vendita nei negozi intorno alla stazione e che solo gli avventori stranieri acquistavano. La bambina aveva un paio di occhiali da sole di plastica gialla e sembrava attendere qualcuno. «I bambini aspettano sempre...» si disse Giovanni soprappensiero, «... aspettano il ritorno dei genitori o magari i regali di San Nicolò.» Superò un gruppo di persone per vederla meglio ma la bambina era sparita, si era dileguata chissà dove.

Così il ragazzo perse il momento preciso in cui il treno partì. Ormai si stava muovendo inesorabile diventando lentamente sempre più piccolo. Si voltò verso il binario e gli sembrò di udire di nuovo come un lamento sommesso, un accenno di melodia remota: ancora quella specie di coro a bocca chiusa del giorno prima? No, si sbagliava: era un leggero sibilo. Un suono familiare. Da est stava arrivando. Dopo essere stata attesa, invocata, cercata, quando ormai si disperava e infine ci si era dimenticati di lei, ecco la bora.

LA MADRE SEGRETA

Potresti dare un titolo a questo quadro: *L'immaginazione si fa realtà.*

Che la piccola Manù non sarebbe stata punita per la sua fuga era chiaro a tutti, fin dal primo momento. Ma certo, che colpa ne ha lei se i tetti, in primavera, sono così invitanti? Lungo i muri, oltre le finestre, dietro a quei vetri socchiusi, si rincorrono troppo promettenti i profumi dei fiori e le fragranze umide di mille germogli. Tutto, dalla strada, offre lusinghe di avventura e di divertimento.

Non può lasciare indifferenti l'alito di vento così sensuale che da qualche giorno sprigiona in ogni angolo più nascosto gli scherzi della nuova stagione. Il Marais non sembra neanche più lui: può trasformarsi, senza troppi sforzi di immaginazione, in un sentiero bianco di ghiaia che conduce attraverso il bosco intricato e misterioso.

Ciò non toglie che l'apprensione per la scomparsa di Manù avesse gettato nel panico tutto l'appartamento. Un urlo, come se gli attori di un film muto si fossero accorti all'improvviso di possedere la voce, due giorni fa ha ufficialmente autorizzato la confusione. Le ricerche dovevano partire subito e andava scandagliata ogni strada del quartiere, dando come è logico la precedenza al giardino in cui troneggia il pozzo tutto ricoperto di edera.

In casa i cuscini sono sottosopra da quel momento. Nessuno è riuscito a fare ancora un pasto completo, è impensabile finché la fuggitiva non farà ritorno sana e salva; così, chi muore di fame è costretto a mangiare qualcosa in piedi, in cucina, furtivamente, per non dare a vedere che sta perdendo tempo anziché dedicarsi con anima e corpo alle ricerche. Perfino le statue dei due mori in camera da letto hanno girato gli occhi tutt'attorno per controllare se la micia non fosse nascosta in qualche cantuccio recondito della stanza.

Manù ha otto mesi, è nata lo scorso autunno, e non conosce ancora la primavera. La sua mamma gatta le ha lavato il muso e il pelo argentato per giorni interi: con una zampa sull'orecchio la teneva ferma e con l'altra zampa la strofinava contropelo, partendo dal naso, senza saltare neanche un centimetro. Ma alla fine ha capito che la figlia era grande abbastanza per pulirsi da sola, per accettare le carezze di altre mani e per farsi servire i manicaretti in una ciotola tutta sua. Manù è curiosa, è attratta dall'ignoto: impossibile per lei resistere a una passeggiata sui tetti inseguendo il volo dei pollini.

Nella piazzetta poco lontana, la statua femminile di un artista del secolo scorso è già soffocata dalle rose che sbocciano enormi, come meloni, e si aprono. Un'*orangerie* di alberi ordinati e bassi corre attorno al giardino disegnando un percorso che un gatto d'appartamento, seduto per giorni a osservare e scrutare dall'alto, non può esimersi dal voler percorrere.

Quando mi hai aperto la porta, sei trasalita. Non capivi, pensavi di avere inavvertitamente spalancato un'anta del tuo armadio-specchio. Cosa ci faccio coi capelli corti?, ti sei chiesta.

Hai mosso una mano in aria, come per scacciare una mosca, e di fronte a te un'altra mano, di riflesso, si è agitata allo stesso modo. Non riuscivi a parlare, era una scena che non ti aspettavi, qualcosa di imprevisto che non sapevi gestire.

«C'è molto vento» infine hai detto. «Gira l'aria. Devo chiudere la porta: o dentro o fuori.»

E, simultaneamente, tu sei indietreggiata e io ho fatto due passi in avanti, sono entrato. Mentre avanzavo, ai tuoi occhi mi sono illimpidito. Mi hai fatto entrare, hai aperto a uno sconosciuto il tuo mondo da cui non si ritorna.

Mi è impossibile dimenticare la tua espressione la prima volta che mi hai visto. Io ti guardavo con la discrezione di un uomo che vede la sua vecchia amante insieme con un altro. Tu, invece, mi studiavi senza remore.

Poi la tua faccia ha subito una trasformazione quando hai capito di avere davanti a te l'immagine di un quadro che avevi dipinto. Quel giovinetto bruno, dalle sopracciglia morbide e due baffi appena disegnati. La pelle mediterranea, come la tua, il fisico asciutto, un accenno di muscoli. Un lavoro realizzato qualche tempo fa, prima di conoscermi. A meno che, da qualche parte, magari a una festa mascherata…

«Ma tu» non sei riuscita a dire altro. Hai perlato la voce per renderla più dolce. Di norma il tono tuo è basso, un suono autorevole, profondo.

Non mi toglievi gli occhi di dosso, eri ipnotizzata dal mio viso. I tratti maschili che avevi davanti erano talmente simili a quelli usciti dal tuo pennello e finiti sulla tela, talmente uguali ai tratti del tuo stesso viso. Per un momento hai creduto alla magia degli specchi.

È in quel momento che, ritornando in te, mi hai sorriso. Avrei voluto stringerti a me, baciarti e confidarti: Eccomi, sono qui, sono proprio io, hai capito chi sono? Sono arrivato, ti ho trovata, adesso possiamo stare insieme.

Tu hai abbassato lo sguardo sul mio petto, e solo allora hai ravvisato il gatto che per tutto il tempo avevo tenuto in braccio.

«Manù!» hai urlato al colmo della gioia.

In quel momento c'era grande aspettativa in me.

Stavo lì, davanti a te che abbracciavi il tuo gatto ritrovato, e ignoravo ciò che adesso so bene. Che la realtà per te è data dal tuo immaginario.

Io ero incuriosito e deliziato, ma anche confuso dalla novità.

Mi sono tolto le scarpe e a piedi nudi, tastando a terra come un animale, ho potuto vedere davvero gli oggetti nella casa, sentire finalmente i tuoi respiri, distinguere la presenza degli altri che ci osservavano fermi sulla porta.

«Prego, si accomodi» mi ha detto una voce maschile. Ma poteva anche essere la tua.

C'erano due uomini che mi osservavano. Il primo, alto, distinto e con le spalle forti, mi ha stretto vigorosamente la mano; aveva uno sguardo distante e sofferente e si è scusato perché era preda di un acuto mal di denti. L'altro uomo, più giovane e smunto, coi capelli finissimi e l'aria di un intellettuale che è avvezzo a conoscere il mondo solo attraverso le pagine che sfoglia, aveva una fronte pallida dall'aspetto fragile. Tu ti sei frapposta tra me e i tuoi cavalieri e in quel momento mi sono accorto che indossavi una cappa scura, viola quasi nera, che ti avvolgeva tutta ma in modo sbadato. Sotto avresti potuto essere nuda. Con la mano hai sfiorato il tessuto della mia camicia di lino bianco, le dita più lunghe sono arrivate a lambire i pochi peli che ho sul petto.

Con quel gesto mi hai condotto nella tua camera dove le statue dei due mori custodivano la penombra data dai pesanti tendaggi alla finestra.

Distesa sui cuscini del letto mi hai parlato. «Come si chiama?»

I tuoi capelli erano intricati, una criniera nerissima, una corona autorevole.

Mi sono seduto a terra su un morbido tappeto. Ho allungato le gambe e i piedi nudi come se mi stessi rilassando. Dietro di me, forse in un'altra stanza, ho sentito scricchiolare qualcosa. Ma non mi sono girato a verificare. Ce l'avevo fatta: ti avevo trovata.

«Mi chiamo Murko» ho sussurrato.

E tu, un'altra volta, hai avuto un sussulto. Quel nome ti ha fatto pensare a un ricordo che avresti avuto solo in futuro. Non una premonizione, piuttosto un souvenir di qualcosa che avverrà.

«La ringrazio per avermi riportato Manù» hai detto prendendo di nuovo il controllo di te. Le tue mani sottili hanno afferrato fogli e matita: hai cominciato a tracciare dei segni automatici senza smettere di osservarmi. «Lei cosa fa nella vita?»

Ci siamo, ho pensato. Mi sono portato le ginocchia al petto e le ho strette nelle braccia. «Dipingo, come lei» ho risposto.

Hai messo da parte fogli e matita dicendo: «E cosa è venuto a fare qui? Mi pare che la storia di Manù sia solo una combinazione».

«Sono qui per lei.» Queste parole ti hanno acceso un lampo negli occhi.

«Ho capito» e hai chiuso gli occhi soddisfatta. «Tra un po' mi racconterà cosa è venuto a cercare qui da me. Ma adesso sia così gentile da chiudere la finestra. Questo vento soffia troppo e devo fare una telefonata.»

Mi sono alzato da terra, fuori dai vetri gli alberi si agitavano inchinandosi ripetutamente.

«Il vento mi mangia i capelli» ho detto sottovoce.

«Che cocolo!» hai commentato prendendo il telefono. «Lo dicevo anch'io da bambina a mia madre: nella mia città d'origine soffia un vento che non ha paragoni con questo di Parigi. Ci sono delle corde per strada per dar modo ai passanti di attaccarsi e non volare via.»

«Pronto, mamma? Sono io.»

Non me l'aspettavo proprio. Ho dovuto sedermi su una poltroncina per la sorpresa. Pensavo che una donna come te avrebbe chiamato l'amante, o un artista di fama, o magari un prestigiatore o il diavolo in persona.

Con la finestra chiusa, il vento non ha più disturbato. Il silenzio ovattato nella stanza mi ha permesso di cogliere anche la voce dall'altra parte dell'apparecchio.

«Oh stella, sei tu. Come va?»

«Bene, mamma: ho ritrovato Manù! Un ragazzo è appena venuto a riportarmela. Non sai che gioia...» mi hai guardato raggiante e ti riferivi a me come a una cosa già tua.

«Oh che bene! Son felice per te. Io invece son molto nervosa.»

«Perché? Che succede? Stai male, forse?»

A quel punto la conversazione ti ha distolta da me: all'improvviso sono scomparso dalla tua stanza.

«Oh stella, son giornate strane: c'è un'aria torbida, è come se stesse per succedere qualcosa. Lo sappiamo tutti che questa è una città irrisolta, sempre accerchiata da minacce inopinate sul punto di scoppiare. Ed è pur vero che in una città l'uomo è più piccolo, si nasconde meglio rispetto a un borgo di campagna o di mare, ma io ti confesso di aver paura.»

«Ma perché? Cos'è che ti spaventa? Parla!»

La voce dall'altra parte ha fatto una pausa. Poi ha detto qualcosa, ma impercettibilmente. Talmente piano che a me è parso che parlasse di colombi.

«Che cosa?»

«I colombi, stella» ha ripetuto tua madre al telefono. Tu avevi gli occhi fuori dalla testa per l'incredulità e lei continuava. «Tu non sai quanto sono diventati invadenti e pericolosi. Si moltiplicano a vista d'occhio: ogni due per tre ne vedi decine e decine in più rispetto al giorno prima. E pensare che con la guerra si erano quasi estinti, la fame li aveva trasformati in una preda ambita!

Ma ormai sono passati più di vent'anni. Niente, adesso sono dappertutto. Li senti tubare a qualsiasi ora, trovi le loro piume sul davanzale, e non sai come sporcano le scale e i balconi. Tutta colpa delle scovazze che la gente lascia dappertutto: loro beccano, s'ingrassano e si moltiplicano! Ma la cosa peggiore è che sono uccelli violenti.»

La tua preoccupazione è rientrata. Sei tornata ad adagiarti ai cuscini del letto e il tuo sguardo indagatore è di nuovo planato su di me. Hai detto tranquilla: «Va bene, non mi sembra tanto grave».

Dal telefono è arrivato un grido. «No! La situazione è gravissima! Tu non sai cosa stanno facendo. Son sempre appollaiati in agguato sui palazzi e sui lampioni intorno ai bar, ai caffè e, appena il cameriere porta il vassoio, quelli si buttano a capofitto sul cibo: biscotti, pane, patatine, salatini, sono affamati di tutto. Assalgono la gente pur di divorare qualche briciola. Infrangono bicchieri, fanno cadere tazzine e piatti, per le strade del centro è un continuo rumore di vetri rotti e di urla spaventate. I gestori dei locali son disperati, le tentano tutte per allontanare gli uccellacci: spruzzano acqua, mettono tra i tavolini dei finti corvi, molti ricorrono al veleno. Ma quelli son diventati furbi, e sono voraci, cattivi, non li ferma nessuno: passeggiano impettiti nelle piazze come truppe di nazisti.»

«Addirittura!» hai ridacchiato tu. «Ma l'amministrazione comunale avrà provveduto in qualche modo.»

«Macché, stella mia: quelli non hanno alba di cosa fare. È terribile!»

«E i gatti? Non mi verrai a dire che i gatti di Trieste sono diventati vegetariani.»

«Tu non mi credi, tu non sai cosa sta succedendo. L'altro giorno vado all'orto lapidario: son salita su a San Giusto per vedere Rosetta. Quassù ci sarà un po' di arietta, mi dicevo. Perché dimenticavo che da giorni non soffia un filo di bora... e invece sarebbe utile che ci fosse, forse scoraggerebbe un po' gli uccelli. Di vento neanche l'ombra, ma ho visto aperto il cancello delle antichità, e allora scendo le scale del vecchio cimitero. Passo tra le steli romane e i cippi medievali, supero i frammenti di lapidi, le tessere di mosaico seminate tra i grandi alberi. Sento un rumore, mi volto ma c'è solo un rosone abbandonato, è tutto alla rinfusa nell'erba. Non c'erano, stella mia! Non ne ho visto neanche uno. Questo giardino è sempre stato il regno dei gatti: te lo ricordi? Tra i cancelli arrugginiti del vialetto e i resti secolari era tutto un miagolio. Non potevo credere ai miei occhi. Poi di nuovo un rumore, ma ben diverso da quello che mi aspettavo: era uno sbatter d'ali molto insistente. Colombi azzurri, piccioni turchini, a frotte a frotte, eccoli i nuovi inquilini del museo a cielo aperto. Hanno defraudato i poveri mici, li hanno scacciati, o forse chissà... se li son divorati! Che spettacolo, che abbruttimento! Povera Trieste.»

Un colpo di vento violento ha fatto sbattere la porta-finestra. Io mi sono alzato per andare a controllare e nel frattempo la tua telefonata era terminata. Non hai preso tua madre troppo sul serio, quella volta. Hai alzato le spalle e iniziato a raccontarmi, ma dalla mia espressione hai capito subito che avevo sentito tutto il dialogo.

Si era fatto tardi. Mi hai detto con un tono promettente: «Ritorni a trovarmi domani». Ho annuito.

«Ma prima di andarsene, mi dica perché dipinge.»

Mi sono alzato, perché stavo per avvicinarmi e darti la mano. Mentre la camicia di lino ha svelato il collo per il movimento, il tuo sguardo ha seguito con un fremito lo spostamento del mio corpo agile.

«Dipingo da sempre, da che ho ricordi. All'età in cui di solito i bambini smettono di disegnare e si dedicano ad altri passatempi, io ho continuato a farlo. Gli oggetti intorno a me, le facce, gli animali, tutto mi incuriosiva e volevo farlo mio con la matita o col pennello. Soprattutto le cose mi hanno sempre affascinato. C'è perfezione nell'oggetto, e insieme c'è assenza di origine: una trasformazione della vita in materia. E la materia, per me, è più magica della vita.»

Mi osservavi incantata, chiudendo gli occhi con il sorriso in volto. Quei pensieri li conoscevi già, erano tuoi.

Sono uscito nel lungo corridoio labirintico. Attraversando l'appartamento ho scorto un porta-abiti Art Nouveau con mantelli e copricapi bizzarri, lampade e tele disseminate senza criterio, un improbabile mobile bar simile a una navicella spaziale.

Sono sceso rapido nella strada elegante e mi sono incamminato verso la notte.

Il vento è venuto subito ad annusarmi dappertutto, senza pudore. Ho ripensato alle corde che usano nella tua città per reggersi, me le sono figurate, e a tua madre che si lamenta perché quel vento non soffia più.

Attirato da aspetti marginali, come un cartellone pubblicitario divelto dal vento o le risate dei ragazzini che giocano a resistere alle raffiche, ho lasciato che le sensazioni del primo incontro con te si mescolassero ai capricci della natura.

Hai capito chi sono? E cosa voglio da te? Guardandomi in volto hai rammentato tutto? Oppure no?

Ho dovuto camminare e camminare ancora, l'alveare è lontano. Me ne sono andato nell'ombra, scivolato via, non avevo ragione d'essere.

Su e giù dai marciapiedi, ho cercato di saltare sulla mia ombra. Per gioco. Ero eccitato dai racconti telefonici di tua madre: avevo una gran voglia di scattare a rincorrere tutti quei colombi azzurri. Volevo vedere un fuoco d'artificio di piume tutt'attorno a me. Ma intorno c'erano solo il buio e il vento.

Hai capito che Manù se n'è scappata sui tetti a causa di questo vento strano? È un'aria che porta scompiglio.

Riflettendo e girellando per le strade, infine ho scorto le luci delle finestre e il verde scomposto di alberi e arbusti. L'alveare mi aspettava come un glorioso parco giochi abbandonato in cui gli zingari abusivi hanno installato una precaria dimora. Il vento ha scosso i vetri per tutta la notte con un rumore costante, insistente. Per la prima volta mi è stato addirittura impossibile sentire il mio compagno di stanza che russa.

L'aria elettrica che infuriava sulla città mi ha impedito di prendere sonno. Mi tornavi in mente di continuo, con i tuoi cuscini e i capelli arruffati.

Stamattina il sole mi ha dato il buongiorno. Dalla grande finestra la luce inonda la stanza. Il cielo è limpido, terso, pulito dal vento che continua a soffiare. Sono da solo, gli altri staranno già tutti al lavoro: questa luce è preziosa per gli artisti, lo so.

Io no, non tocco le tele oggi, devo prepararmi.

Guardo la camicia di lino e immagino di abbinarla a una giacca. Vestirmi come ieri? Devo cambiarmi, magari mi faccio prestare un completo.

Quando sono pronto, mi rendo conto che mancano ancora cinque ore al nostro incontro. Ma non ho l'umore adatto per restare all'atelier, così saluto Jacques ed esco a passeggiare. Lui mi guarda ridendo e ironizza: «Murko, finalmente vedi una donna?». Non gli bado, non perdo tempo con i ragazzini.

Mi butto fuori, all'aperto, attraverso ponti, saluto le banchine sulla Senna. Il vento ha preso il predominio sonoro sulla città: nessuno parla perché è occupato a difendersi dagli strattoni che si abbattono dal cielo e i pochi che si arrischiano a proferire parola la sentono infrangersi subito, la loro parola, schiacciata da una raffica impertinente, in un punto del tutto diverso rispetto a dove l'avevano indirizzata.

Le vetrine dei negozi oggi non presentano un granello di polvere. I cortili, invece, soffrono il disordine: foglie, petali e rami ruzzolano confusi ovunque, ora stanno qui, poi dal lato opposto, infine si ritrovano appiccicati contro le facciate dei palazzi. I cancelli non smettono di sbattere, le balconate sembrano sul punto di sgretolarsi e precipitare al suolo, le insegne scricchiolano.

Ma l'aria è purissima, l'atmosfera limpida.

È la stessa aria che respiravi tu da piccola? A te piaceva il mare infuriato dal temporale, era qualcosa di proibito e scandaloso.

Riesco quasi a vederla la giornata in cui quel vento da nord-est soffia così forte da costringere tutti a camminare per le strade tenendosi alle corde, tutti tranne te che procedi senza sostegni. La gente ti chiama strega, dice: «Quella ragazza fa i sortilegi a uomini e donne. Lei li guarda e quelli la seguono».

Anche a te lacrimavano gli occhi dopo un po'?

Quando Monsieur Fronte-Pallida mi apre la porta riconosco subito l'odore di casa: pittura, fiori, gatti e caffè mescolati insieme.

Superato il lungo corridoio eccomi sulla soglia.

«Riappare il nostro amico» fai tu dal letto porgendomi la mano. «Ma potremmo chiedergli di darci tutti del tu, vero?» Solo allora mi accorgo che sulla poltrona è accomodato il Capitan Mal-di-denti. E tu ti rivolgi a lui e anche a Monsieur Fronte-Pallida che mi segue e si impossessa del sofà.

Sono accerchiato. Non manca neanche Manù che fa capolino da sotto le lunghe frange della tenda. Sono confuso, mi aspettavo che sarei rimasto solo con te.

«Prendi un caffè, Murko?» Sento che è una voce maschile ma non so a chi di voi tre appartenga. «È un vero caffè, all'italiana. Non quella brodaglia schifosa che fanno a Parigi, niente café crème qui!»

Stiracchio il collo, socchiudo gli occhi e acciambello le gambe sul tappeto. Sono pronto ad affrontare la tua tribù.

Cominci tu. «E allora dipingi. Hai un album di presentazione?»

Io inclino la testa, come non avessi capito. Poi faccio di no.

«L'arte è perfezionare la forma» ripeti una lezione che serve a tutti ma nella stanza solo i tuoi uomini annuiscono a quelle parole. E allora insisti, sporgendoti appena verso di me. «L'arte deve svelare misteri, o crearne. Questo cerca di tenerlo sempre a mente.»

Interviene il Capitano che, con tono autoritario e insieme magnetico, mi chiede: «Perché dipingi, ragazzo?».

«A me piace dipingere.»

Lui ridacchia sotto i baffi ma senza prendermi in giro. «Dipingere difficilmente dà da vivere.»

«Ma io dipingo per piacere, l'ho detto, non per campare.»

«E come ti mantieni?»

Prima di continuare registro gli sguardi e i movimenti impercettibili che ti scambi con i due uomini.

«Mi basta poco...» Passo lo sguardo sul viso di ciascuno di voi tre. Aggiungo: «Una carezza a volte è sufficiente per farmi felice».

Lì qualcosa si sblocca, vi sciogliete in una maniera liquida, scivolosa.

«Disegno appoggiato sulle valigie, col vento negli occhi su una barca, su un treno in corsa rannicchiato sul predellino e assordato dal fischio della locomotiva. Disteso in un prato dipingo meglio, anche se è umido.»

Tu non dici una parola, chiudi gli occhi. Infine domandi: «Non hai una famiglia?».

Io mi volto a guardarti con sicurezza e tu ti accontenti di quella risposta.

«Quindi vivi da solo.»

«Sto all'Atelier La Ruche» ti rispondo.

A questo punto fai un cenno col capo e i due uomini si alzano e lasciano la stanza. Il vento riprende la sua danza sconnessa senza risparmiare nessuna fessura, nessuna finestra.

Dal letto, un po' ipnotizzata, guardi il cielo. «Sembra quasi che la bora sia andata via da lì per venire qua... Forse mi segue. Anche lei? Non sarebbe la prima a volermi stanare.»

Poi il tuo sguardo si fa dolce e batti la mano sul letto per invitarmi a sedere vicino a te, col gesto che si usa con gli animali.

«Dove vivevo da bambina, costruiscono delle speciali finestre coi doppi vetri per tentare di arginare la violenza del vento. Tra un vetro e l'altro c'è un bello spazio, si possono mettere vasi di fiori. O sporgersi di sotto per guardare le teste dei passanti. Una specie di piccolo bovindo. Per me era come un palcoscenico, una gabbia di vetro, in cui esibirmi e fare spettacoli per chi, dall'altra parte della strada, si fosse affacciato a guardare. Ma il vento lì è fortissimo, davvero impressionante.» Ti sei interrotta e con aria sorpresa hai terminato la frase. «Fortissimo come questo, in effetti. Forse dovrei correggermi e dire che una volta la bora era fortissima e che non lo è più, stando al discorso di ieri di mia madre. È inevitabile che tutto cambi... anche la natura? Ricordo bene quando la sera mia madre rientrava tardi da teatro e veniva a letto a darmi un bacio: io non aspettavo altro.»

La tua mano cerca la mia: la accarezza prima, poi la stringe. È una mano nodosa, con un inizio di artrite, la mano allenata di chi vive tra i pennelli, i colori, le stoffe. Mi sfiori la fronte con le labbra e tocca a me adesso sentire un odore di cipria. «Finalmente...» ti sussurro e sono certo che tu abbia capito.

Ma mentre sto proseguendo a parlare, squilla il telefono. Al terzo suono tu afferri l'apparecchio e mi volti le spalle. È tua madre. Di nuovo. Tu mi fai cenno di pazientare un attimo ma io non ci vedo più dalla rabbia. Mi alzo dal tuo letto, rimetto le scarpe e prendo la porta.

Confusa, resti inchiodata dalle cronache triestine. «A chi glielo devo raccontare, stella? Ho scoperto che esistono quasi duecento specie di colombi. Te li figuri? Duecento differenti tipi di questi mostri con le ali! Ormai me ne vado in giro con un terrore peripatetico.

Qui l'aria è stagnante, sempre più umida, abbiamo la pressione sotto i tacchi.

Ieri ci si è messo pure un gabbiano, era enorme, non mi dava tregua. Ma ti rendi conto? Un gabbiano mi ha inseguito, i colombi mi importunano... gli uccelli devono stare in gabbia o a cuocere nel forno, mica liberi a far danni in cielo!

La gente è allarmata, non sa come reagire. In riva al mare oltre ai piccioni ci son i gabbiani ed è ancora più pericoloso: ti basti sapere che Barcola e tutti i bagni son deserti. Te li figuri? I triestini che non vanno al mare! A maggio di solito erano già tutti distesi al sole. Niente, impossibile! La città è irriconoscibile, stella. Anche la bora ci ha abbandonato.»

Tu sei soprappensiero. «Si è spostata qui.» Ma lei non ti ascolta. Qualcosa nelle parole di tua madre si mescola a ciò che ti stavo dicendo io prima.

«Hai capito, stella? Se venissi qua oggi non capiresti dove ti trovi. Ti assalirebbero dubbi angoscianti, come la paura di scoprire che al posto del cinema in cui passavi belle serate hanno costruito una banca. Te lo dico chiaro e tondo, ché ti metta l'animo in pace: Trieste è finita, morta, putrefatta.»

Nel salotto borghese del Marais due uomini e una donna discutono di me. Tra le loro mani, alternativamente, passa Manù che si lascia accarezzare, coccolare, massaggiare.

Tu riveli che il ragazzo ti piace perché è selvatico, lontano dai giri artistici e culturali, e vorresti addomesticarlo. Che sono un essere staccato dalla realtà, dici, un essere assorto da un'unica idea che mi rende limitato e sublime.

I due uomini afferrano al volo che sei ansiosa di affrontare una nuova fatica: quella di metterti al passo con la giovinezza. Mi vuoi con te perché sono fresco, delicato e sinuoso.

Una cosa che non dici è che in me ti sei specchiata: gli stessi tratti somatici, lo stesso movimento, quello sguardo, quel muso. E questo riconoscerti ti attrae.

I due uomini alla fine assecondano la tua volontà di farmi entrare nella corte.

I mulinelli di foglie danno l'impressione di imbuti trasparenti che frullano immondizie e cartacce nel tentativo di renderle più attraenti. Il sibilo nel cielo non smette di fischiare, innervosisce, rende elettrico ogni movimento appena afferri un oggetto o stringi una mano.

Ho bighellonato per le strade cercando di sfuggire all'inseguimento del vento.

In una galleria d'arte piccola ed elegante per caso ho scorto un tuo quadro. I dettagli anatomici delle figure seguono le forme di un cerchio, di un triangolo, di un quadrato. Quei disegni mi hanno fatto pensare ai trasferelli che usano i bambini sui loro quaderni di scuola, alle decalcomanie che si applicano con l'acqua sulle mani e sulle braccia durante la ricreazione.

Sono rimasto con tanto d'occhi quando lui è venuto a cercarmi. Una ragazza è entrata nella stanza annunciando: «Visite!» e io, talmente convinto che fossero ospiti per il mio compagno come sempre, mi sono alzato dal letto per uscire e lasciarli soli. E allora, sulla soglia, mi sono trovato faccia a faccia con Monsieur Fronte-Pallida. Gli sono proprio sbattuto contro: ho visto il colletto di una camicia e sentito un corpo magro contro il mio corpo magro. L'ho riconosciuto dall'odore. Ha un buon odore che non è profumo, un aroma della pelle molto preciso, come di spezie che stanno per avvolgere la carne. Ho tirato su lo sguardo e lui mi stava osservando con la sua aria gracile e intellettuale.

Siccome ormai stavo uscendo dalla camera, lui mi ha seguito e siamo andati in un salottino comune con le finestre affacciate sul cortile. Non sapevo cosa volesse ma preferivo che il mio compagno non s'impicciasse.

Le finestre dell'alveare non sono anti-vento, non hanno la doppia protezione come quelle della tua infanzia, per cui i vetri battono continuamente in questi giorni. Per un po' siamo stati zitti, seduti uno a fianco all'altro, ipnotizzati dal rumore fastidioso e sempre diverso. Bisognava alzare la voce per farsi sentire.

«La prima volta che sono stato a Trieste...»

Il tuo uomo ha cominciato a parlare inserendosi nelle brevi pause tra un attacco alle finestre e l'altro.

«... ho alloggiato in un albergo. Un piccolo hotel, vicino alla stazione, niente di speciale ma sembrava un posto pulito e in ordine. Durante la notte, però, mi sono svegliato: c'era qualcuno nella stanza vicina che si lamentava. Sentivo un rantolo, i suoni di una persona che non sta bene. Una voce che a tratti pareva cantare a bocca chiusa. Una tortura per me, che mi ha tenuto vigile per un bel po'. La mattina seguente, di cattivo umore, mi sono lamentato con la reception. "Ma guardi che nella stanza vicina non ha dormito nessuno. Quel rumore che l'ha svegliato è la bora."

È bizzarro, non trovi? Un vento del tutto originale, la bora, qualcosa di simbolico, di letterario. Non riuscivo a capacitarmi che fosse così potente. Me ne avevano parlato in tanti... lei era stata generosa coi racconti, ma poi dal vivo, sul posto, il fenomeno mi aveva rapito. Ne ho registrato il suono su una cassetta. Davvero! L'ho fatto e ho portato la cassetta agli amici qui a Parigi per testimoniare quel rumore.

Beh, il rumore di questi giorni in effetti è lo stesso. È la prima volta che sento un vento del genere a Parigi. Mai avrei creduto che un fenomeno così tipicamente radicato in un posto si sarebbe potuto trasferire da un'altra parte. Perché è proprio ciò che pare sia accaduto: laggiù a Trieste la bora non c'è più ed è arrivata qua.»

Ha ripreso a parlare di te. «Qualcuno sorride, o ride, quando noi la definiamo strega ma la circostanza non è spiegabile in modo differente. E mi sembra chiaro per tutti che la rivoluzione climatica, in questo caso, è causa sua.»

Io lo guardavo in silenzio, immobile. Socchiudevo di tanto in tanto gli occhi. In attesa.

«Questa situazione obbliga a porsi sullo stesso livello dal punto di vista spaziale. Trieste si sovrappone a Parigi, non trovi? È come una seduta spiritica, si possono chiamare a rapporto i fantasmi dei morti e perdersi in affascinanti dissertazioni con loro. Il vento è un rantolo, il bisbiglio di qualcuno che, non visto, si lamenta e langue. Singolare, no?»

Il tuo amico si era avvicinato, come per braccarmi. «Mio caro Murko, vorresti condividere questa seduta spiritica con noi? In altre parole, sono venuto a invitarti a trasferirti nel nostro appartamento nel Marais. È un desiderio di tutti e tre: ci piacerebbe tu venissi a vivere e a lavorare insieme a noi.»

Io lo lascio terminare, sguscio di lato facendolo quasi cadere a terra, abbozzo un mezzo sorriso. Sapevo che il ritorno di Manù in quella casa avrebbe segnato l'ingresso di molte novità. Con un'aria innocente rispondo: «Accetto».

Il primo piano dell'appartamento è arredato con mobili stile Impero, le tele sono sparse ovunque, alle finestre pesanti tende scure che svolazzano a causa del vento. Le strette scale sono il regno della gatta che ama allungare la coda sui gradini e creare ostacoli a chi vorrebbe salire o scendere. Di sopra non ci sono ancora andato ma non m'interessa: io dormirò nella stanza accanto alla tua in una sorta di alcova incavata nel muro, come una tomba.

«Ecco alcuni disegni pornografici» mi dici mentre osservo una serie di ritratti con le figure dalla pelle più rosa che mai. «Guarda questa donna: è una ninfa o una prostituta? Non ci devi mettere troppo tempo a pensarci: va risposto subito! Il quadro che t'incuriosisce è stato graffiato da Manù. Ma non è un problema, presto qui sarà pieno di gatti: persiani, siamesi, d'Angora... Manù non avrà più testa per la pittura.»

Fotografie, libri, manichini, piume, pennelli, abiti, animali impagliati: camera e studio sono pieni zeppi di cose e anche gli odori fanno a botte tra loro, passano dalla vernice al profumo, dal gatto alla naftalina.

Dalla finestra ammiro i giardini su cui era solita passeggiare Madame de Sévigné. Nelle giornate di sole questi giardini diventano una platea in cui trasferire colori e tavolozze e presentare quadri agli acquirenti. Oggi no. Il vento percuote insistente fronde e fiori, colleziona foglie che si diverte subito a sparpagliare intorno. Stiamo rintanati.

Le scosse elettriche di questo clima strano ti attraggono, a tua insaputa, verso il momento psicologico che voglio allestire.

«Perché sei venuto a stare qui?»

Siamo da soli, gli altri lavorano al piano di sopra.

Ti osservo e sei come l'altro ieri, quando ti ho vista per la prima volta mentre ti restituivo Manù: sulla soglia di casa, sospesa.

«Il tuo arrivo con la micia era una scusa, ne sono certa. Voglio la verità. Il motivo può essere anche morboso, non me ne preoccupo un briciolo. Voglio sapere.»

«Io credo che tu già lo sappia il perché. Mi hai invitato a stare con te. Non lo si fa con tutti.»

«L'ho fatto perché mi piaci.»

Faccio una piccola risata. «Certo che ti piaccio. Tu sei così, scandalizzata e disgustata di fronte alla bruttezza. Se non mi trovassi bello, cosa faresti? Mi rifiuteresti?»

Per la prima volta mi lanci uno sguardo dubbioso, costernato.

«Non potresti rifiutarmi. Perché sono una tua creatura.»

«In che senso?»

«Nel senso che sono tuo figlio, mamma.»

«Che cosa sei? Gli scherzi mi piacciono quando li faccio io. E questa storia è di cattivo gusto. Io non ho figli.»

«Una parte di te mi ha riconosciuto subito. L'istinto ha sentito il richiamo della carne. Adesso diamo tempo anche alla parte razionale.»

«Tu sei un piccolo impostore, e un pazzo! Cosa vai farneticando? Io non ho mai voluto un figlio, non ricordo di averlo avuto... Non l'ho avuto! Lo saprò io se ho generato o meno, no?»

Ti alzi di scatto dal letto come per uscire dalla camera. Io ti raggiungo e ti fermo. Ti prendo le braccia, ti stringo. Tu cerchi di divincolarti, ansimi. Il naso ti si gonfia. Il pavimento di legno cigola per la tensione e per la lotta trattenuta dei nostri corpi. Quando intuisco che ti sei calmata e che non correrai via né urlerai per chiamare gli uomini, lascio la presa.

Sei affannata, spettinata, il tuo viso è gonfio e dimostra l'età che hai. Metti le mani nei capelli, già aggrovigliati e intricati, e con movimenti rapidi e nervosi li trasformi in una criniera nerissima, quasi blu.

Mi incalzi con un tono scuro da rauco guerriero. «Non voglio figli e non voglio rogne.» Poi ti calmi un po'. «Come sei cresciuto? Con chi?»

Sono domande dal sapore accusatorio ma io posso rispondere solo con la sfrontata gioventù dei diciotto anni. «In maniera libera e istintiva, con nessuno in particolare.»

«Ma a chi hai voluto bene?»

Deglutisco. «A chi ha saputo darmi una carezza.»

Mi fa soffrire la diffidenza che c'è sul tuo viso.

Senza guardarmi in faccia dici: «Aspetta qui». Ed esci dalla camera.

Con me sei disorientata.

Sento i tuoi passi che salgono al piano di sopra. Mi accascio a terra, appoggiato a un pouf, chiudo gli occhi.

«Non posso dirti come trovo Murko: non lo trovo!»

Chi parla? Di chi è questa voce? La conosco... Ma nel dormiveglia le frasi arrivano distorte, frammentate.

«Controlla che non abbia rubato qualcosa.»

Batuffoli di cotone mi vietano di percepire i dialoghi del sonno e il brusio della veglia.

«È solo una coincidenza, dai. Una somiglianza che non vuol dire niente.»

«Non vale neanche la pena discutere: è assurdo.»

Anche se è giorno, qui è sera: non riesco ancora a svegliarmi ma so che le voci parlano di me. Di me che intanto sono ritornato d'istinto nel quadro in cui mi hai dipinto.

«Ragazzo, sveglia! In piedi su!» Le mani forti del Capitano mi sorreggono per le spalle, svaniscono in un lampo i disordini di Parigi.

«Spiegaci un po' questa storia. Che cosa fai? Vai a dire in giro di essere il figlio di...» Ma si interrompe, è preso dal sospetto: per lui il problema è doppio. Oltre al dubbio su chi sia mia madre, c'è anche la questione del padre.

Mentre lui parla, tu mi guardi e ti chiedi come è possibile che una persona ordinaria come me possa trascinarti in una situazione straordinaria.

Alla finestra battono goccioline di pioggia schiacciate a forza dal vento. Il sole è sparito, il cielo è tutto annuvolato. «Questa è bora scura» mormori tu furente.

Per stemperare la situazione azzardo una battuta. «Conoscete quella vecchia filastrocca antiasburgica? Parla della bora. Dice qualcosa tipo: *La bora si è asciugata i piedi sul Brennero prima di arrivare qui*...»

«Non l'ho mai sentita!» fai tu con rabbia. «Cosa ne sai tu della bora e degli Asburgo? Da dove vieni?» Le tue mani secche e nervose con le unghie lunghe mi fanno paura. «Basta giochetti! Arriviamo al sodo, per cortesia: che cosa vuoi da me?»

Il Capitan Mal-di-denti sospira sconfitto: il suo impegno di investigazione diplomatica e subdola è già miseramente fallito.

Entrambi mi guardate. Rispondo: «Non voglio niente. Voglio stare con te. Essere tuo figlio».

Soffochi un grido bestiale prima di chiudere bocca e occhi per un istante. Prendi fiato, con un grande sforzo di autocontrollo. «Chiariamo questo fatto: io non ho figli. Non ne ho avuti perché non voglio essere madre. Mai provato il desiderio di maternità, non fa per me. Direi che è uno stato che mi ripugna proprio! Ci fu un incidente tanti anni fa, ma lasciamo stare. Dopo quell'operazione non ho potuto averli i figli, anche volendo.»

«Ma prima...» aggiungo io con dolcezza.

Tu e il Capitano vi guardate. Anzi tu lo fulmini proprio. Per un istante ti assale un dubbio. Ma subito ritorni all'arringa.

«Adesso basta! Spari delle buttate a caso. Non ho voglia di farmi prendere in giro: io ho il sospetto che ti mandi qualcuno. E penso anche di sapere di chi si tratta...»

«Non mi manda nessuno, non c'è nessuno dietro.»

«Ancora peggio, allora! Senti, a me non piacciono i bambini, non ho proprio spirito materno: se me ne danno uno in braccio, lo lascio cadere per terra.»

«Ma io non sono un bambino. Sono un uomo.»

«Almeno questo!» per un momento mi guardi con il trasporto che avevi prima. «Devi capire che la procreazione per me è qualcosa di maschile: io mi sento di più un padre quando metto al mondo, la figura della madre non mi compete affatto. E comunque quando dico di mettere al mondo intendo delle opere, che poi sono i figli veri. Io dipingo da maschio perché vedo da maschio. E penso spesso al maschile. Scrivo addirittura al maschile: i miei racconti, i miei pensieri, i personaggi delle fiabe che m'invento sono tutti maschi. Sicuramente la procreazione fisica e quella artistica sono due cose diverse. Per essere madre ci vuole altro: la madre dovrebbe essere in grado di tramutare la crudeltà in idillio, in grado di sacrificarsi, di dare. No, a me un figlio davvero non interessa. Un gatto casomai.»

Dicendo così mi accorgo che mi osservi con aria interrogativa, come se mi vedessi adesso per la prima volta, e allora mi accoccolo davanti alla finestra, guardo il vento che spazza il cielo con una invisibile scopa bagnata.

«Inutile che guardi lì fuori: non verrà Madame de Sévigné a suggerirti come comportarti o a farti leggere le sue lettere!

Sei un ragazzo indisciplinato. E sei anche irruente, nervoso. Comunque forse ho capito una cosa: tu usi la parola *figlio* ma intendi dire qualcosa di simile ad *allievo*. Sei un po' confuso e usi male il vocabolario. Cerchi una guida, un complice, e questo io posso esserlo per te. Vuoi una famiglia? Noi, a modo nostro, siamo una tribù: unisciti a noi, te l'ho già proposto.

A ogni buon conto, finiamola di parlare di madri: chiudiamo la parentesi di questa piccola tragedia caramellata. Un'unica cosa: so che ti abbiamo invitato noi a trasferirti qui ma ora non mi sembra più una buona idea. È meglio se ritorni all'atelier. Facciamo così, tu prepara un po' di disegni e dipinti che vuoi farmi vedere e ti fai vivo tra qualche giorno, quando sei pronto. Così ne parliamo. Anzi, ripassa a trovarmi direttamente a fine mese: la prossima settimana devo recarmi in campagna per lavorare con l'incisore.

E adesso perdonaci ma aspettiamo la grafologa.»

Nessuno parla più. Guardate entrambi la mia valigia, ancora chiusa, sulla soglia della camera. Sono spiazzato e quindi raccolgo le mie cose e mi incammino per il corridoio.

Mi accorgo che il Capitano mi segue, mi accompagna alla porta. E l'altro? Monsieur Fronte-Pallida è stato informato della novità? Dov'è? Ha sentito tutto? Quando prima è venuto a prendermi all'atelier sembrava entusiasta di portarmi qui.

Il Capitan Mal-di-denti mi sgrida affettuosamente con le rughe del suo volto nobile: è come un padre che riprende un bambino reduce da una marachella. È un uomo dai modi eleganti e autoritari ma quando ci sei tu lui sparisce nell'ombra della tua figura. Anche se mi sta invitando a uscire, ho voglia di stringermi a lui e di annusarlo.

Non ho capito: mi hai riconosciuto o no? Mi accetti come figlio? Le domande mi sono rimaste appiccicate addosso: sono talmente tante che non so dove metterle. Non ci stanno nelle tasche, dovrei aprire la valigia.

Mi hai mandato via in maniera frettolosa. Non ero pronto ad affrontare questo vento freddo misto a pioggia. Pochi passi e sono già zuppo e intirizzito. Dopo qualche isolato mi riparo nell'ingresso di una metropolitana.

Prima ero tutto azzimato. Ora faccio impressione.

La mia vita ha varie origini, alternative.

Non so cosa fare. Mi mangio le unghie.

Quando la porta di casa tua si è chiusa alle mie spalle, mi sono sentito al capolinea.

Mi sembra di essere morto. E ho capito che si muore facilmente quando si muore. Morto e solo. La morte di una persona non appartiene a nessun altro se non alla persona in questione.

In questa stazione non passa molta gente: peccato, confidavo nel calore umano per dimenticare il vento gelido.

Che cosa si può chiedere a una madre?

Che cosa avrebbe voluto di più Manù quando mamma gatta le leccava il pelo? Avrebbe voluto spalancare la bocca, riuscire a divorarla per poter tenere mamma gatta sempre con sé, dentro di lei.

Niente, non è andata come pensavo.

Mi hai allontanato come qualcuno che ti ricorda spiacevolmente ciò che saresti potuta apparire agli occhi degli altri. Invece di aprirti a una novità della vita, ti ostini in folli tentativi di arginare l'impeto del tempo.

Forse, per te, essere madre significa insegnare a tuo figlio a vivere senza di te.

Che brutta sorpresa scoprire che sei scappata. Nel bel palazzo del Marais ci sono lavori, operai che entrano ed escono dal tuo appartamento. Registro rapidamente le stanze vuote, il segno che hanno lasciato i mobili nel pavimento di legno, la carta da parati scolorita sulle pareti dove batteva il sole.

Le tre persone che abitavano qui? Si sono trasferite, da un giorno all'altro.

Nel giro di dieci giorni hai architettato e disposto tutto: una fuga di nascosto, senza avvertirmi. Senza lasciare tracce o messaggi. Dopo che ci avevo messo tanto per trovarti.

Ma cosa pensi? Che non senta più il tuo odore?

L'altalena ci mette un po' a fermarsi e chi è bendato a mosca cieca prima o poi si scoccia di stare sotto. A nascondino non giochiamo più, ci annoia.

Il vento riprenderà presto a soffiare, non ha esaurito ancora i messaggi da soffiare sulla testa della gente.

Tra un mese ci vedremo per l'ultima volta. Sarà un'occasione speciale. Per parlare da soli, per stare tranquilli io e te, mi darai un appuntamento singolare: su un piroscafo.

Non ci vedremo a Parigi ma in un posto molto lontano: a Marsiglia. Lì mi darai appuntamento. «Una volta in città chiedi dell'hotel de Noailles» mi dirai. Tu raggiungerai il sud in limousine, con la corte al gran completo. Io invece prenderò il treno e attraverserò il paese solo per vederti.

«Facciamo la traversata insieme» mi dirai con quel tono che non ammette repliche. «Io vado sempre in Corsica d'estate. Amo Parigi ma non sopporto i rumori e la confusione. I mesi caldi li passo al mare. Ho detto agli altri di precedermi sull'isola, si sono imbarcati ieri. Noi allora partiamo tra poco e avremo tempo per chiacchierare: ma una volta di là, ci separiamo perché io non posso ospitarti. Puoi decidere se restare al mare, oppure tornare subito indietro.»

Mentre prenderemo un caffè al porto, saremo oggetto di occhiate e commenti: tu avvolta in una specie di ampio kimono bianco di lino finissimo, io con una camicia verde e pantaloncini che mostrano le gambe magre. Mentre sotto il sole si alzerà il vento.

«Il mare ce l'ho sangue, è roba mia. In particolare ho un debole per il mare quando infuria un temporale!» saliremo sul piroscafo e tu avrai l'aria di essere il padrone del vapore. «Qui sul Tirreno il mare è spesso agitato. Il mio mare invece fa il bravo, il più delle volte sembra un lago, il che è strano visto come galoppa la bora.»

I tuoi occhi guarderanno l'orizzonte e io mi accomoderò bene per gustare ogni parola. «Mi piace il vento. Il vento fa bene. Anche quando ti soffia in testa e ti fa venire l'emicrania. È un farmaco della natura, il vento. Il mare e il vento sono i due elementi che rendono grande la piccola città di Trieste. Una città fantastica quella volta, quando ero ragazzina. Io m'intendevo solo coi pazzi: artisti, avvocati o venderigole, ma rigorosamente pazzi.

E mi divertivo un mondo. Quando posso, fuggo dalla società, come adesso, me ne vado lontano da tutti coi miei simili. Io sono per un mondo di gente candida e stralunata, che non ha paura di cambiare nome e che confonde consapevolmente il suo sesso. Continuo a cercare questi esseri, da qualche parte staranno, li cerco da sempre. Forse già da quando ero bambina e sul treno fissavo le persone per smascherarle. Viaggiavo molto da piccola, in treno ma anche per mare. Oh quanto si arrabbiava mia madre quando si accorgeva che studiavo la gente!»

Ti sistemerai meglio il grande cappello di paglia, attenta a che il vento non lo porti via. «Sono molto legata a mia madre, come hai visto, ma è una donna con cui bisogna avere pazienza. Io talvolta sono brusca, rude con lei, divento uno spigolo. Ma dopo la cosa mi addolora e piango. È così. Chi l'avrebbe mai detto, eh? Quando mia madre mi metteva in punizione io mi rifugiavo nei libri. Narrativa, saggi, volumi d'arte. Io li consumavo i libri, vi entravo dentro, diventavo libro. E a forza di letture il mio immaginario è diventato vasto e variegato, tanto che quando sono arrivata a Parigi gli artisti di moda mi trovavano più avanti di loro. Ah ah, quegli sciocchi maschilisti.»

A un tratto il piroscafo incontrerà delle onde più grosse, sobbalzeremo in maniera pericolosa e gli spruzzi salati e freddi ci sorprenderanno per la doccia.

Tra lo stupore e una risata dirò: «Sicura che non siamo morti e saliti in paradiso?».

«Non so» riderai tu, «chiedi al capitano!»

Poi riprenderà la navigazione e riprenderanno anche le tue parole. «Trieste era una città eccitante, complessa, piena di gente interessante, farabutti e donne molto libere per l'epoca. A me piaceva andare al mare e una volta, sul lungomare che porta verso il castello di Miramare, c'era una villa che un gruppo di ragazze sfacciate e provocanti aveva affittato per ricevere amici e fare ginnastica. Ma in realtà le ragazze avevano invitato degli ufficiali italiani che per le triestine erano estremamente esotici e affascinanti e facevano baldoria. Quando si scoprì cosa succedeva nella villa, la gente cominciò a dire: "Quelle porche de mule!". Io trovavo bellissima quella frase e avrei dato non so che per intrufolarmi lì a curiosare.

C'erano dei posti incredibili anche in centro. Io amavo il giardino di Winckelmann. Lui era stato assassinato in città e allora sul colle di San Giusto avevano costruito il museo lapidario in un parco molto selvaggio che era stato l'antico cimitero mi sembra: ancora adesso è pieno di sculture di tutte le epoche, anche del tutto bizzarre come statue che rappresentano l'Africa e l'Asia e che vengono da una fontana che è stata smontata. Naturalmente quello era il regno dei gatti, altro motivo per cui ci andavo con gioia. La città era una città di gatti. Ricordo che una volta, da bambina, dissi: "Voglio dipingere un quadro dal titolo *Il mercato delle anime dei gatti*". Mi sembra così assurdo che adesso siano stati rimpiazzati dai colombi... In ogni caso, Trieste era piena di situazioni e immagini ideali per crearsi un solido bagaglio culturale.»

Chiacchierando mi studierai come avevi studiato il primo gatto che vedesti da piccola. Poi, come soprappensiero, coi tuoi enormi occhi di febbre: «Ciò che dipingo dovrebbe essere l'espressione sana del mio terzo occhio: quello dei gatti. I gatti devono avere degli occhi bellissimi per essere veramente gatti: dico degli occhi larghi, verdi, smeraldini, fondi come il mare in giornate limpide come questa. Così gli si perdona tutto, come quando si lanciano su un piatto di pesci lasciato per un momento incustodito senza chiedersi il perché e poi fuggono via, proprio istintivamente. Ecco, in pittura sono anch'io un'istintiva. I miei lavori nascono dal subconscio e vengono su così, come istinto creativo. Ma poi, nell'impegno quotidiano, io dipingo ogni giorno alla stessa ora, scrivo lettere ogni giorno alla stessa ora, parlo al telefono con la mia vecchia madre sempre alla stessa ora. Sono abitudinaria come le bestie».

Con le mani accarezzerai l'aria disegnando le tue immagini, fantastiche ma vere, per sottolineare quasi ogni parola. Il vento in bocca a volte ti toglierà il fiato. «Mi dici che sei un artista, Murko. O che, quantomeno, tenti di fare l'artista. Ma non ho visto neanche un'opera tua, nemmeno uno schizzo. Al La Ruche ci stai come in un ostello. So che menti. Forse sei un giornalista, o uno scrittore che cerca in me una storia.»

Verrò preso alla sprovvista e comincerò a balbettare qualcosa.

«No, non spiegarmi, risparmia il fiato e le scuse: preferisco di no. Ti dirò una cosa: se tu fossi saltato fuori a Trieste, a quell'epoca, si sarebbe forse potuto fare. Avrei preso in considerazione di giocare al travestimento che mi chiedi. Per una forma di continuità: la mia famiglia, mia madre, l'aria di casa, cose di questo genere. Ma a Parigi, oggi, proprio non se ne parla, no. Oggi tutto è diverso, già combinato. Anche Trieste non è più quella: finita la bora, è diventata il regno dei colombi. Che tristezza. Una città che era più aperta e internazionale di Londra o di Roma, e guarda com'è diventata provinciale. Ma sto divagando di nuovo. E tra poco saremo arrivati. È bello viaggiare sul mare, in questo blu che non è un luogo.»

Verrò preso dal panico. «Io non esisto se non attraverso il tuo sguardo, mamma. Voglio essere il tuo bambino, voglio restare il tuo bambino!»

«Penso sia del tutto inutile farne una professione, dal momento che ogni essere veramente sveglio resta per sempre bambino. Ma tu non hai le idee chiare: sei infantile, più che bambino.»

In lontananza apparirà la costa corsa. Saremo sul punto di arrivare. Ma sarà un approdo alla deriva.

«Tu per me sei il tutto pieno» dirò farfugliando preso dall'ansia.

«Che cocolo!» dirai tu. Ma sarà l'ultima volta.

Stai con me, mi hai detto la prima volta che ci siamo visti.

«Il tutto pieno?» chiederai sorridendo. «Ah ah, parli in modo strano. T'inventi le parole.»

Io invento parole perché non ho fatto le scuole: parlo per magia, è così.

«Se mi lasci, cosa farò?»

Il tuo sguardo sarà serio. «Non ne ho alba.»

Di colpo sarà il momento di scendere dal piroscafo. Ti darò la mano per aiutarti a percorrere la scaletta.

A terra tu dovrai riprendere il tuo ruolo. A me non resterà che fissarti dal porto, mugolando sottovento.

Quello sarà l'ultimo incontro. Ma prima, per ritrovarti, devo mettermi a scandagliare in lungo e in largo la città degli inganni e delle vanità. Giro per le strade, osservo e annuso, prendo informazioni evitando i cortei degli universitari e gli scontri con la polizia, controllo i cambiamenti, cerco negli androni dei palazzi, valuto muri, finestre, grondaie, tetti.

I giardini e i portici del Palais-Royal hanno attirato la mia attenzione. Un grande complesso monumentale, la confusione di botteghe, caffè e uffici, lo spirito di Colette ancora in giro, il primo *arrondissement*, il centro del centro per mimetizzarsi meglio. Da lì esploro le strade limitrofe: quelle più strette, più tranquille. C'è qualcosa nell'aria che non tradisce il mio intuito.

Il grande edificio di una banca: nessuno sospetterebbe che vi possano albergare anche i sogni.

Per fortuna gli animali non perdono i vizi: è Manù ad avvisarmi che tu abiti in questo palazzo. Sento miagolare, alzo la testa e la vedo a spasso, in esplorazione di una bassa terrazza. Mi ci vuole poco ad arrampicarmi fino a lì e a raggiungerla. Il solo imprevisto è il vento che all'improvviso ha aumentato il suo soffio: mentre mi afferro al cornicione, quello rischia di rispedirmi a terra.

Ufficialmente sei venuta a stare qui per avere più spazio per dipingere e per ospitare altri gatti, c'era un tuo vecchio amante che abitava di fronte nel Marais e tu non sopportavi più la stretta vicinanza. Ma io lo so che sei scappata via da me.

«Ben che mai!» esclami tu sorpresa. «Cosa ci fai qui? Mi hai trovata. Ma scusa: solo i gatti entrano dalla finestra!»

Con agilità seguo Manù e salto anch'io in casa dalla porta-finestra. Ritrovo subito l'odore, quell'insieme di pittura, fiori, caffè e gatto. Il tuo studio questa volta è una camera grande: il trasloco è avvenuto da poco ma tu sei già riuscita a riempire ogni centimetro a disposizione.

«Ti avverto che sono nervosa» esordisci. «L'ennesima rogna con la stampa italiana, tanto per cambiare. Insulti, menzogne sul mio conto, tutta l'attenzione rivolta ai fatti personali e neanche una frase di senso compiuto sui miei quadri. Me ne sono andata dall'Italia anche per questo, per cui chi se ne frega. Peccato che mia madre li legge i giornali e a volte purtroppo ci crede a quella robaccia. Dannazione!»

Dovremmo prendere esempio dagli animali che le cose importanti le fanno da soli.

«Come sei arrivato qui? Come hai fatto a trovarmi? Sempre dietro a Manù, io non capisco. Ammetto che è un'entrata da romanzo, il massimo dello chic: si alza la bora che spalanca la finestra e dal tetto arriva lui! Sei tutt'altro che banale, Murko, lo riconosco, ma anche se riuscissi a far suonare mezzogiorno un quarto d'ora dopo, non vedo cosa avremmo in comune noi due.

Credo tu possieda la grazia sufficiente per andare oltre a quella storia della madre. Ammetti che c'è una discrepanza tra il tuo immaginario e la percezione del reale. Fattene una ragione, cerca altri trastulli. Il mondo continua a essere quello di prima, ma non è più lo stesso. Diamo troppa importanza ai vincoli e alle relazioni, al doverci inventare a tutti i costi una storia che racconti agli altri le nostre origini.

L'amore materno io non so cos'è, non è un sentimento che mi appartiene. Quando ti guardo mi sembra di vedere un quadro che potrei dipingere, una figura che vorrei modellare tra le mani per forgiare la bellezza. La mia è una curiosità visiva, non l'istinto di un genitore.

E poi, forse, non ti è andata male. Lasciatelo dire da me che sono sempre stata troppo seguita, vezzeggiata, covata. Mi sa che la sfortuna più grande di un figlio è quella di essere amato dal genitore.»

Non è il momento giusto, vuoi stare da sola. Chissà quanti impegni hai da affrontare. Ne riparleremo, io e te, per l'ultima volta, in mezzo al mare. Con fare sbrigativo, adesso vuoi chiudere la faccenda e andare avanti.

«Ciao» mi fai. E in risposta ti sembra che io dica: Miao.

«Cos'hai detto?» Hai una ruga in mezzo alla fronte. Ti attraversa il sospetto che sia solo un'altra leziosaggine.

Il vento mi ha portato e il vento mi richiama via.

Le mie orecchie si allungano un po'. I baffi prudono sotto il naso, con le unghie vorrei graffiare. Mi accosto alla finestra aperta, sono già mezzo fuori. L'ultima cosa a lasciare la stanza è la mia coda.

L'immaginazione va sempre oltre la realtà.

Tu sei sconvolta, assalita da mille dubbi. I capelli intricati come i rovi di un bosco vorrebbero intercettare nell'aria una risposta ma ti imprigionano il viso spettinati, ogni ciocca un grappolo di pensieri. Ti affacci alla finestra senza riuscire neanche a gridare. Guardi disperata, cerchi, vorresti uscire anche tu, venirmi dietro. La tua paura trattenuta fa tenerezza.

Eccoti dietro i vetri che tremano sempre per i soffi: ciò che rimane di te è quello che hai nascosto più profondamente per tutta la vita, l'immagine di una piccola bambina ipersensibile della Trieste asburgica, in attesa al riparo dalla bora.

Ringraziamenti

Il sesto rigo

Grazie a Sara Alzetta, continua fonte di ispirazione, a Roberta Debernardi e Ines Paola Fontana per il loro indimenticabile atelier e a Paolo Troian per i suggerimenti musicologici.

Grazie a Patty Pravo per avermi donato la frase *Sono un vizio di famiglia*.

I reduci

Grazie a Gabriella Cardazzo e a Piero Del Giudice per avermi incuriosito su una visita di Tadeusz Kantor a Trieste.

La madre segreta

Grazie a Martina Carpi per il malinteso su Leonor Fini e grazie ad Andrea Guerzoni e Carol Rama per l'immagine delle truppe di colombi nazisti.

Per i consigli e il supporto costanti ringrazio in maniera speciale Sergia Adamo, Elena Bernetti, Francesco Facca, Giuseppe Girimonti Greco, Roberto Icolari e Alessandro Marinuzzi.

Grazie agli amici del corso *Il Temperamatite* da cui imparo più di quanto io dia e agli amici del reading *La testa per intrigo* per le impagabili serate di ascolto e di lettura.

Grazie ai miei colleghi prof che, quando serve, sono in grado di riempire un'aula vuota.

Corrado Premuda

Finito di stampare
nel mese di Luglio 2021
da Rotomail spa
Stampato in Italia